子どもたちの幸せな未来ブックス第5期③

妊娠から始める
自然流育児

NPO法人自然育児友の会＆ほんの木【共編】
よこはま自然育児の会【協力】

ほんの木

まえがき

少子化は大変な問題である、と言われています。その理由として、現代の日本社会が、赤ちゃんを産み育てているお母さんをあまり大切にしていないことがあるように思います。

たとえば、出産という一大事なのにもかかわらず、病院などでの事務的な対応にイヤな思いをしたというお母さんは少なくありません。また、出産は痛い、赤ちゃんを育てるのは大変、といった情報ばかりが流れていることも影響しているのではないでしょうか。

こうした時代の中、妊娠したら病院に行き、出産は病院でするのが当然のようになっていますが、最近は病院でなく助産院や自宅で生む女性が少しずつ増えています。また、出産は気持ちよかった、楽しかったという声も実は少なくないのです。また、できるだけ自然に近い形でわが子を生みたいと考えている女性が年々増えているのに、そうした情報を入手するのはなかなか難しいのが現状です。

本書は、子どもを産もうと決めた女性が自信を持って出産に臨《のぞ》めるように、そして、出産がすばらしい体験になるようにと、1983年から自然なお産・育児について取り組んできた自然育児友の会の方々に執筆していただいたものです。

1章は同会の代表理事の内田淳子さん、3章と5章は理事の伊藤恵美子さん、2章と4章は専門会員でマザリーズ助産院の助産師・棚木めぐみさんにご担当いただきました。欄外の「私を支えた一言」は、育児に忙しい時は本を読むことができないが、たまたま目にした短い言葉や、誰かから言われた一言で救われることがあるという、よこはま自然育児の会（神奈川県を中心に活動している、自然に楽しく育児をしたいという会です）のみなさんのアイデアから生まれました。おもわず微笑んでしまう言葉、ほろっとする言葉、その深さに心打たれる言葉など、実感のある一言がそろっていると思います。また、よこはま母乳110番顧問の朝倉きみ子さんにもたくさんのご助言をいただきました。体験談については二つの団体に会員から寄せられたものの中から選ばせていただいています。

これから赤ちゃんを産もうと考えているあなた、一人目の出産の想い出がよくなかったために二人目はもういいと考えているあなた、そして、自分はもう産むつもりはないけれど、これから出産を迎える友人や知人に、いろいろな出産や育児があることを知って欲しいと考えているあなたに、是非読んでいただきたいと思います。また、お父さんやお父さん予備軍の方々には、5章だけでも読んでいただければ、妊娠から出産、そして赤ちゃんにかかりきりになっているお母さんの気持ちが少しは理解していただけるのではないでしょうか。

一人でも多くのお母さんが、赤ちゃんとお母さんが主役になれる妊娠と出産を経て、誇りを持って育児に向かっていただけますよう願っています。

2007年4月1日

ほんの木編集部

もくじ

装幀 渡辺美知子
イラスト（カバー&各章扉&本文） 若泉尚子
イラスト（カバー背のマーク） はせくらみゆき

第1章

絆をはぐくむ自然なお産を

　お産は、命の不思議さ、人間のからだの仕組みのすばらしさを教えてくれるまたとない機会です。お産は決して痛くて怖いもの、苦しいだけのものではありません。自然の摂理《せつり》に沿ったお産は、むしろ幸せで楽しいものでもあることが、たくさんの女性たちの体験を通してわかっています。これからお産をする女性の一人でも多くの方が、自分が持つ産む力、赤ちゃんの生まれてくる力を十分味わうことができるお産ができるように、そして赤ちゃんとの楽しい暮らしがスタートできることを願って、自然なお産体験をお伝えします。

お産は自然な営みです

お産は、お母さんにとっても、また生まれてくる赤ちゃんにとっても、命をかけた大仕事です。大切な命だからこそ、その命を守ろうと、次々とお産に医療が介入してきました。

この50、60年の間のめざましい医療の進歩があったからこそ、お産での妊婦や赤ちゃんの死亡率はどんどんと低下してきました。医学によって、安全なお産ができる、それは確かにそうなのですが、その一方で、安全を重視するばかりに、決して、「病気」ではなかったはずのお産なのに、今では、ほとんどの女性が妊娠すると病院へ行き、妊娠中、そしてお産で、なんらかの医療を受けている現実があります。

日常の暮らしの一こまとして、自宅で家族に囲まれて、助産婦さんに介助されてお産をする、そんな風景は、本当に少なくなってしまいました。

昔であれば救うことができなかった小さな命がたくさん救われています。お産から痛さや苦しさを取り除く人工的な方法も、いろいろとあります。でも、お産は本来、病気ではなく、陣痛の痛みも苦しみもすべて丸ごとひっくるめ、自然な営みの一つです。人生で何

私を支えた一言
育児は育自（子どもを育てることは、親（自分）も育てる）。

度もないせっかくのチャンスなのですから、女性が持っている産む力、赤ちゃんの生きる力に基づいたお産を味わってみませんか？

私たち「自然育児友の会」は、自然なお産と母乳育児を経験した母親たちが集まって、20年以上活動してきました。自宅でのお産や助産院でのお産が、少なくなってきたこの20年余りの間に、逆に、助産院や自宅でのお産を選ぶ女性たちが、どんどんと集まり自然なお産・育児の輪が広がっていきました。自然なお産や母乳育児について、母親同士で悩みを相談しあう場所が、他にはあまりなかったのです。そして、私たちがお互いのお産や子育ての経験から学んだことは、自然なお産を経験した女性は、お産に対しても、またそのあとに続く子育てについても、満足感を感じている場合が多いということでした。お産が大好きで、できるなら何度でもしたい、という声もよく聞きます。

自然なお産というと、すなわち、医療が介入しないお産。単純にそういう意味として捉《とら》えられるかもしれませんが、ただそれだけでなく、もっと広く深く、女性の産む力、赤ちゃんの生まれる力の両方を信じ、その本来の力を生かすお産が自然なお産だと思います。

「お産は痛くてつらいもの」、「そんな痛みやつらさはできたら避《さ》けたい」。

無痛分娩が話題になっているように、そんなふうに思っている女性は少なくありません。

まわりの家族や友だちから、「お産は痛いのよ」などと聞かされていれば、そう思い込んでしまうのも仕方がないかもしれません。でも、私たちに寄せられるお産の体験談は、もちろん陣痛の痛みも知っているけれど、そして中には自分の思い通りにいかなかったお産もあるけれど、自然の摂理《せつり》に沿ったお産は決して痛くて怖いものではなく、むしろ喜びや幸せを感じるものだという声が圧倒的に多いのです。産む前から、そんなお母さんたちの体験談を聞いていたら、いつのまにか、お産は怖いものではなく、待ち遠しい、楽しみなものに変わっていくはずです。

お産の主役は、お母さんと赤ちゃん

「いいお産の日」をご存知ですか？　15年ほど前に、病院システムに集中管理され、医師に自分の心配や希望を伝えることもできないお産や、生まれた赤ちゃんが生後すぐに別室で集中管理されるお産はやはりどこかおかしい。そんなお産の状況をもっと多くの人たち

私を支えた一言　子どもを育てるのはとても大変。だけど、一番やりがいのある仕事。

に知ってもらおう、今のお産の状況を少しでもより人間的なものに変えていこうと始まったムーブメントです。

　１９９４年から、産む女性たちと助産師さんが協力して毎年11月3日にイベントが行われています。このムーブメントの中で、ＷＨＯ（世界保健機構）が勧告した「適切な産科技術に関する勧告」（１９８５）や「正常出産のケア実践ガイド」（１９９６）が日本でも翻訳・紹介されました。そこで、日本の産院で当たり前のように行われてきた剃毛《ていもう》や点滴は効果がないのでやめるようにと勧告されていることや、会陰《えいん》切開や分娩監視装置も、母子の急変などが予測される場合以外は、使用しないように勧告していることを、日本の女性たちははじめて知りました。海外でのお産の様子を知り、助産師をはじめとする専門家だけでなく、産む女性たちからも、より自然なお産をしたいという声があがったのです。「いいお産の日」イベントから広がった草の根の声によって、日本のお産は、徐々に管理されるお産から、お母さんと赤ちゃんにやさしいお産へと変ってきました。

残念ながら、WHO（世界保健機構）の勧告はあくまでもガイドラインであって強制力はありません。この数年の間に、「正常出産のケア実践ガイド」に沿ったお産ができる産院は増えてはいますが、あなたの家の近くですぐにみつかるとは限りません。お母さんと赤ちゃんにやさしい自然なお産ができる病院をみつけるには、産む側の女性が、情報をしっかり集めて選択することがまだまだ必要なのです。

産院を選ぶときのチェックポイント

どこで産むのか。お産の場所を選ぶときは、まず次のチェックポイントを確かめてみま

私を支えた一言
抱っこ、抱っこと大変だけど、抱かせてくれるのも今のうち（中学生ぐらいになると、まず抱かせくれないから）。

しょう。お母さんと赤ちゃんがお産の主役と考えている産院であれば、どの質問にも理由を明確にして答えてくれるはずです。産後を過ごす部屋について、産院の都合がお母さんと赤ちゃんの心地よさよりも優先されていませんか？　おしゃれで素敵な部屋かどうか、食事が豪華かどうか、おみやげがたくさんあるかどうかよりも、大切なことがここにあります。しっかり冷静にチェックしてください。

・お産の間、そして産後に家族も一緒に過ごせますか？

誰が一緒にいるのかは、あなたが決めることです。夫、子どもたち、友人、あなたが必要とする人と一緒にいられるか確かめましょう。

・陣痛誘発はどのようなときに使われますか？

医学的な理由がある場合のみ使われるべきです。どのような地域においても、誘発率は10％を超えるべきではありません。

・帝王切開は、どのようなときに行われますか？

その産院では、帝王切開が全体の何％なのか。またどのような場合に行われるのか、知っておきましょう。

・浣腸《かんちょう》、剃毛《ていもう》、分娩台固定、分娩監視装置の装着剃毛は、どのようなときに行われますか？

普通は必要がありません。

・陣痛の間、自由に動きまわることができますか？ 産む体位を、自由に決めることができますか？

お産のときに、どのような体位で産むかは、お産をする女性が決めることです。

・会陰切開は行われていますか？ 行われるとしたらどのような場合ですか？

すべての女性に行われることはありません。まずは適切な会陰部の保護が検討されるべきです。

・帝王切開経験者には、次のお産でも帝王切開を求めますか？

前回、帝王切開であっても、半数以上の女性が、経膣出産ができるといわれています。そうした帝王切開後経膣分娩（VBAC《ブイバック》）に理解ある産院を探しましょう。

・分娩室の中でお乳を含ませることはできますか？

母乳育児をスムーズにスタートさせるためには、赤ちゃんが生まれてすぐにお乳を含ませた方がよいのです。

・産後も赤ちゃんと一緒にいられますか？

産後も「母子同室」で赤ちゃんと一緒の部屋で過ごしましょう（母子密着）。母乳だけ

私を支えた一言　自分らしく。

でなく母子の早期の絆《きずな》づくりにも大切です。

あなたにはあなたの産み方があります

あなたには、あなたのお産があります。「これが正解!」といういいお産、自然なお産などありません。あなたにとってのいいお産が、別の女性にとってもいいお産であるとは限りません。あなたの年齢や体調といった条件、そしてどんな思いを持ってお産に臨《のぞ》んでいるのか……。一人として同じ人はいないのですから。

でも、「ああ、いいお産だったなぁ」「幸せなお産だったなぁ」と、お産の後にポジティブな気持ちになるお母さんには共通点があります。自分で、お産についての情報を集めて、一つひとつ自分で納得をして選択をしたお母親さんは、たとえお産が自分の思い通りに進まなかったとしても、精一杯やったと自分で納得できることが多いのです。

最近は、お産難民などという言葉ができてしまったように、医師の高齢化や少子化の影響もあり、各地で産院が閉院されています。いいお産、自然なお産を望む以前に、産むところがみつからない、そんな大変な状況の方もいらっしゃるでしょう。そういう場合は、まずは、安心して赤ちゃんを産める場所を確保することを最優先しましょう。

あなたにとって、お産で何が一番大切にしたいことなのか、よく整理をして、どこまでが譲《ゆず》れることか、譲れないことか、よく考えて選択をしてください。医師や助産師に疑問に思うこと、不安なことは一つひとつ質問し、自分で答えを選択していきましょう。その積み重ねが、あなたにとってのいいお産につながっていくのですから。

病院で産むということ

今、日本のお産の99％は、病院で行われています。一口に病院といっても、日本の病院（医療施設）は、緊急時の対応によって、第一次の個人病院（産院）、第二次の市民病院などの総合病院、第三次の緊急時のＮＩＣＵ（新生児特定集中治療室）を備え24時間受け入

私を支えた一言　ゆっくり子育てしようよ。

れ可能な大学病院といった大病院と、三段階に分かれています。どの段階の病院で産むかによって、お産の様子もかなり違ってきます。自然なお産ができる病院を希望する場合は、高度な医療設備が整った大きな病院（第二次施設・第三次施設）を選ぶ前に、まず自分の家の近くの個人病院（第一次施設）を探しましょう。

日本の産科の医師の数は、年々減っています。少ない医師での過剰労働と医療訴訟への医師の不安などがその理由とされています。産む側のお母さんたちは、より安全で安心して産める場所を探さなくてはいけません。少子化の影響と医師不足のダブルパンチで地方の総合病院の産科がつぎつぎと閉鎖されてもいます。あまり明るくない状況のようですが、少子化の時代だからこそ、家庭的で自然なお産をしたいというお母さんたちのニーズに以前よりも積極的に応える病院も増えています。ここはどうかなと思う病院があったら、実際に訪問して自分に合うかチェックしてから、予約を入れましょう。

■個人病院

個人病院の場合は、産科医が1、2名に助産師、看護師が数人ずつという規模のところが多いようです。助産院の規模とあまり変わらないようなところから、医師も助産師も数名体制の比較的大きなところまであります。地元の個人病院の評判を聞いてみましょう（もちろん、16ページ〜のチェックリスト項目の確認は忘れずに）。自然なお産に理解がある病院では、正常なお産の場合は、医師の手を借りずに助産師さんによってそのほとんどが行われることもあるようです。

こうした病院を探すには、その病院でどれだけ助産師さんが活躍しているか、知り合いやホームページなどから確かめてみてください。

また、個人病院の場合も、臨月になって第二次、第三次のより大きな病院に転院することになったり、お産の最中に、救急病院へと搬送されることも十分想定しておく必要があります。

■院内助産院

一部の病院では、院内助産院という試みが始まっています。大きな病院の一角で助産師が検診や出産までを担当する、病院内の助産院のような存在です。こうした産院では、正常な出産の場合は、産科医は見守っているだけです。

わざわざ院内助産院と看板を出してはいませんが、昔からお産に定評のある総合病院や

私を支えた一言　子どもと一緒にお母さんも育っていきましょう。

大学病院でも、助産師さんの活躍で医療介入が格段に少ない産院もあります。

■赤ちゃんにやさしい病院「ベビー・フレンドリー・ホスピタル」

赤ちゃんにやさしい病院（ベビー・フレンドリー・ホスピタル、BFH）は、WHO（世界保健機構）とユニセフ（国連児童基金）のガイドライン「母乳育児成功のための10か条」（101ページ参照）を満たした病院に与えられる名前です。現在、日本国内に46か所あります。全国にある認定施設は、日本母乳の会のインターネットサイトに掲載されています。

はじめてのお産で、母乳で赤ちゃんを育てられるかどうかは、最初の産院でのサポートにかなり左右されます。産後すぐに、お母さんの乳首を赤ちゃんの口に含ませること。そしてその後、母子が密着して、赤ちゃんが欲しがるだけおっぱいをあげること。この二つが、守ってほしい大切なポイントです。ベビー・フレンドリー・ホスピタルであれば、この点は万全です（詳しくは、第3章参照）。

母子別室の場合、母子が密着して過ごせない上、粉ミルクを病院で一定の時間に飲ませる場合もあります。産後で疲れているお母さんにゆっくり休んでもらう必要があるからと、

母子別室の産院はまだまだ多いのですが、自然なお産の基本の一つは、産後すぐからの母子密着です。

「私は体力がないから、とてもお産のあとから昼夜なく赤ちゃんの世話なんて」と、尻込みしてしまう方もいるかもしれません。でも、人間のからだは本当によくできています。お産直後から赤ちゃんと一緒にいると、最初のうちは赤ちゃんがおとなしくしていて、徐々に要求がでてきます。3日4日と授乳をしていくうちに、おっぱいの量も増え、赤ちゃんの眠る時間も徐々にのびてきます。

それを繰《く》り返すうちに、お母さんと赤ちゃんのリズムができてくるのです。どうしても、赤ちゃんと同室だと疲れるという場合は、助

私を支えた一言
自分を責めないで。赤ちゃんだってそんなこと望んでないよ。愛するお母さんのことを悲しませたいはずがないでしょ。

産師さんに伝えてみましょう。きっと赤ちゃんを預かってくれたり、アドバイスをもらえるはずです。

■産院を探すには

産院選びは、あくまでも自分の足で実際の産院に行って確かめるのがベストです。お産までの長い期間のパートナーです。医師や助産師との相性などもあります。必ず事前に自分で確かめましょう。

丁寧《ていねい》な取材で全国の産院の「医療」が情報公開されている「REBORN産院リスト」(http://www.web-reborn.com/saninjoho/saninjohotop.htm)は参考になります。データアップ時と実際の状況が変化することがありますので、あくまでも、産院選びをするための参考資料程度に参照してください。

助産院を知っていますか?

今のおじいさん、おばあさんが生まれた頃までは、日本のどの家庭も、赤ちゃんが生まれるときは、自宅にお産婆《さんば》さんを呼ぶのがあたりまえのことでした。たらいに産湯《うぶゆ》を用意して、家族が見守る中で赤ちゃんを取り上げるお産婆さん。そんなシーンをテレビドラマで見たことが誰でも一度くらいあるのでは?

今では、お産婆さんとはいわず、助産師さんという名称になりましたが、助産院で助産師さんたちが取り上げるお産は、そんな昔の家庭でのお産の風景と重なります。自然なお産や母乳育児、家庭的なお産の良さが見直されてきている中、助産院でのお産を希望する女性たちもまた、以前よりも少しずつですが増えています。

助産院は医療法で定められた助産師が管理運営する施設で、医師はいません。正常な分娩のみを扱うことができます。入院床数は9床以下となっています。医療法で定められているので、妊娠中や出産中にみつかった異常の治療や処置はできません。もちろん赤ちゃんに対してもです。そのため、あらかじめ近くの産婦人科医が嘱託医《しょくたくい》として連携しており

私を支えた一言

子どもは親の鏡になって見せてくれてるだけ、子どもに罪はないですから(子どもがぐずったりしているときは親が不安定だったりいらいらしていることも多い)。

（2008年4月以降）、異常がみつかった場合は、必要とあれば、救急病院等へ搬送も受け入れてもらえる体制になっています。
　助産院でのお産の一番のメリットは、大きな病院と比べると、妊娠中からお産まで、妊婦さんと助産師さんが一対一の関係でしっかりとみてもらえるところです。自分がどんなお産をしたいのか、あるいは、体調の変化について、妊娠の初期からじっくりと助産師さんに対応してもらえ、はじめてのお産を前にいろいろと聞きたいこと、不安なことがある妊婦さんには心強いお産のパートナーです。
　そしてもう一つの特徴は、助産院でのお産は、分娩台を使わないお産であることです。最近では、病院でも分娩台を使わないところが増えてきましたが、分娩台の上であおむけになっていきむスタイルではなく、お産の間、妊婦さんが自分が好きなように動きつづけ、自由なスタイルで赤ちゃんを産み落すフリースタイルのお産は、助産院から広がっていきました。和室でパートナーと一緒に産むスタイル、お風呂に入りながらの水中出産……。女性が自分らしく楽に産む方法を取り入れることに、現時点でより柔軟なのが助産院です。

助産院は、助産師さんの自宅も兼ねている場合が多く、たいてい普通の一軒家のような施設で、家庭的な雰囲気があります。母乳育児への理解があり、アロマテラピーやハーブ療法、ヨガなど、ナチュラル志向のセルフケアへの理解がある助産院も多く、それも最近の人気の一因です。

18ページで紹介した、比較的新しい（ここ10年あまりの間の）産院での自然なお産への試みの多くは、すでに助産院では当たり前のことになっています。助産院の多くは母子同室（あるいは同床）で、24時間母子が密着して過ごすことができます。また会陰切開や陣痛促進剤の投与や点滴という医療行為は、助産院では基本的には行われません。もちろん、すべての助産院で、自由な体位での出産ができるというわけではないようです。ですから、助産院で産むときも、チェックリストを使って確認をしてください。

私を支えた一言
答えは腕の中に……（育児書や周りの声に振り回されすぎないように、という意味）。

かつて、各地の助産院は、助産師さんが高齢になり後継者がいないため、どんどん閉所されていきました。ここ数年は、自然なお産をしたいという女性たちの声に応えて、若手の助産師さんたちが新規開業するケースも増えていますが、それでも病院などの産院に比べて圧倒的に少ないのが現状です（全国で約３００か所）。

ところで、助産院でのお産は、誰もが望めば可能だという出産方法ではありません。助産院で可能な正常な妊娠・分娩とは、以下の条件を満たして、妊娠中を健康に過ごし、妊娠37週以降で42週未満の分娩のことをいいます。

- 逆子《さかご》（骨盤位）ではない。
- 多胎《たたい》（二人以上を同時に妊娠していること）ではない。
- 帝王切開をしたことがない。
- 合併症がない。
- 胎盤の位置に問題がない。
- 頻産婦《ひんさんぷ》（5回目以上のお産の方）ではない。

こうした条件をクリアしてもまだ安心できません。助産師が扱うことができるお産は法律によって、合併症がなく、妊娠中の経過に大きな異常がない場合に限られています。場合によっては、臨月になって転院することになったり、お産の最中に、助産院から病院へと搬送されることも十分ありえます。

緊急時、適切で必要な医療が受けられるのかどうか。医療機関との提携がしっかりとされているかどうか、もしものときの対応についても、事前にしっかりと助産師さんに質問をして、十分納得をしてからお産に臨《のぞ》んでください。

また、それぞれの助産院では、安全なお産のための、ガイドラインを設けています。体重のコントロール、毎日の運動、セルフケア等、もしかするとあなたにとってはとても負担になる宿題がでるかもしれません。

しかし、こういったことを自己責任で行える人は、助産院でのお産をきっと前向きに楽しめると思います。助産院での出産は病院とは違い、最初は戸惑うこともあるかもしれません。しかし、そのよさを知り、助産院に慣れてしまうと、助産院以外での出産は考えられないほど魅力にあふれているのも事実です。

私を支えた一言
子どもは、神様からのプレゼント。神様はあなたの欠点や弱さも承知の上で、赤ちゃんを授けてくださったのだからだいじょうぶ。

助産院での出産を考えているあなた、次の項目をチェックしてみてください。

□合併症がある（喘息《ぜんそく》、甲状腺機能異常など）
□感染症がある（B型肝炎、C型肝炎、HIV等）
□子宮筋腫がある。または子宮に異常がある。
□子宮の手術をしたことがある（筋腫核出など）
□帝王切開をしたことがある
□血液型がRh（－）である。
□前置胎盤《ぜんちたいばん》といわれている。
□胎児に異常がある（胎児発育遅延、奇形など）
□羊水に異常がある（羊水が多い、少ないなど）
□妊娠経過に異常がある（高血圧、高血糖など）
□多胎妊娠である（ふたご、みつごなど）
□逆子《さかご》（骨盤位）がなおらない

以上の項目にひとつでもあてはまるものがある人は、助産院では出産をすることができません。

さらに次の項目もチェックしてみてください。この項目にあてはまる方は、相談に応じてとなります。

□喘息《ぜんそく》の既往《きおう》がある
□不妊治療による妊娠である
□高齢出産（35歳以上）
□前回の妊娠・出産で異常があった（早産、胎児以上、出血多量など）

（社団法人日本助産師会によるチェックリストより）

自宅で産むということ

ここ数年、静かなブームになってきていると感じるのが自宅でのお産です。しばらく前までは「自宅出産は特別なもの！」と思っていたのに、二人目、三人目のときに、自宅でのお産を選んだという方が増えています。「家族みんなで赤ちゃんを迎えたい」という気持ちは、ごく当たり前の自然なこと。1950年頃までは、日本のほとんどの家庭では、お産は自宅でするものでした。

自宅出産の場合、まずは、自宅出産の介助を行う助産師さんにお願いできるかどうか、から始まります。友だちに聞いたり、育児サークルや助産師会のホームページなどで、どんな助産師さんがいるのかまずは調べて、実際に会ってみましょう。これは自宅出産だけに限りませんが、あなたのお産についての要望を、できる限り具体的に明確に伝えておくことが大切です。あなたのからだのこと、お産についての希望を助産師さんが全て察するのは、いくら助産師さんがお産のプロとはいえ、できません。いざ出産となって、いろいろとリクエストしても無理な場合もあります。自分の要望をちゃんと伝えることができる

私を支えた一言
自分の失敗や間違いを、自分で許してあげる練習を積んでいくと、わが子の失敗や間違いも、許してあげやすくなります。

のか、助産師さんとの相性もある程度関係するかもしれません。事前によく話してからお願いすることが大切です。

自宅出産は、昔は誰もがやっていたことではありますが、今のお母さんたちの誰にでもお勧《すす》めできる方法ではありません。正常なお産ができる健康なからだであることはもちろんですが、他の施設でのお産の場合よりも、様々な場面でより自分で責任を引き受ける覚悟が求められます。緊急時のサポート体制について、事前によく助産師さんや嘱託医《しょくたくい》と話しあっておくことはもちろん、夫の協力も不可欠です。産後すぐの家事のサポートなど、お願いできるところは友人たちにも手伝ってもらいましょう。

【自宅出産のメリット】

・自分の日常の延長としてお産に向かえること。産後、自分の好きな環境で過ごせる。
・自宅専門の助産師さんだと、検診も自宅のため、上の子が幼いときは楽で助かる。
・分娩費用が安い。
・入院の必要がない。陣痛が起こっても産院への移動がない。
・分娩中も心底リラックスできる。パートナー・上の子が立ち会うとき、最初からしっかりとお産に関わることができ、貴重な体験になる。

・整体出産や穀物菜食など、施設では行うことが難しい「こだわり」を通すことができる。（整体出産は、野口整体指揮のお産。お産のあと、左右の体温が整うまで起きあがらない。照明の灯りも含めて直射日光を避けるといった、骨盤の締《しま》りをスムーズにするためのバースケアです）

【自宅出産のデメリット】

・医学的な処置が必要となったときに限界がある。

・バックアップしてくれる病院探しが難しい。

・産後すぐの家事や上の子の相手が必要になる。いつもの生活の場なので、いろいろと気になりがち。産後のサポートの確保は必須。

・自宅専門の助産師さんだと検診も自宅のため、他の妊婦さんとふれあう機会がなく孤独。

・出産が可能なように自宅をきれいにしておく必要がある。何人も出入りするので、場合によっては改造の必要も出る。

私を支えた一言
泣くことは、赤ちゃんにとっては言葉と同じ。表現力がちゃんと育っている証拠。だから、あわてず「はい、はい。ずいぶん泣くのが上手だねえ」と、ほめてあげればいい。

素晴らしい体験に無限なる感謝！

東京都・松口右知子さん

7月4日、暑い夏の日に娘は誕生しました。妊娠出産に対してあまりよい印象のなかった私ですが、実際体験してみると全く違い、今思い起こしても心が温まる素晴らしいものでした。

はじまりは不思議で、新しい命を授かった瞬間「あっ、もしかして……」という感覚が強烈にあったのを覚えています。大事を取ってその日から飲んでいた薬を止めることにしたのですが、それからの半月ちょっとはものすごく長く感じたものです。そして、待ちに待った日がやってきました。私の直観は正しかったことが判明したのです！　本当に嬉しくて、夫と大喜びしました!!　自分の直観に感謝。お陰で余計な心配をせずにすんで本当によかったと思います。

それから間もなくつわりが始まりましたが、予想以上にきついもので食べ物も飲み物も喉《のど》を通らずあっという間に5キロ痩《や》せてしまいました。病気らしい病気をしたことがなかったので、はじめて健康に過ごせることがどれほどありがたいことか、身をもって体験することができました。

その後は順調そのもので9か月になるまで、仕事を続け、退職後は生まれる前日までほぼ毎日出歩いていました。これが妊婦の手帳!?　と思うほど毎日予定で埋《う》めつくされていたほどです。本当によく歩きました。

お腹の中の赤ちゃんと一体の生活はとても不思議な感覚で、平和でかけがえのない幸せな時間でした。毎日話しかけ、胎動を楽しみ、はじめは恥ずかしがっていた夫も次第にお腹にふれ、話しかけるようになりました。ちょっとでも動くとビデオをまわし始め、今思うと同じような退屈なシーンを飽きもせずよく撮ったなぁと感心します。でもきっと娘が大きくなってそのビデオを見たら、自分がどれだけ望まれ愛されて生まれてきたか、わかってくれることでしょう。

そして、赤ちゃんとの対面の日が近づいてきました。夫の立会いを希望していたため、都合のいい日を二人で決めて、その日に生まれてくれるよう赤ちゃんにお願いしつつ、日課のウォーキングやマタニティーヨガをして体調を整えていました。

いよいよ予定日、少しドキドキしながらも、何の兆候もなく一日が過ぎていきました。そして、日付が変わって1時間ほど経った頃、陣痛らしきものが始まりました。えっ⁉ 2日前の検診ではまだまだ先といわれていたのに……。本当に希望通り！ すっご～い‼ 赤ちゃんはちゃんとお願いを聞いてくれるんだよ、と友人が言っていましたが、まさか本当にそうなるとはびっくりでした。どうか今日中に生まれてくれますように、と祈りながら夜明けとともに病院へ。

陣痛室では陣痛の遠のいた妊婦さんが、友だちとワイワイ楽しげに盛り上がっていてどうしてもが気が散ってしまい、主人が分娩室に移動させてもらうようお願いしてくれました。というわけで、まだまだの段階にも関わらず早々と分娩室に移り、結果7時間を分娩室で過ごすことにな

私を支えた一言　お母さん、大好き！

ったのです。分娩室ではそれはそれは快適で、お気に入りの曲を聴き、アロマの香りを楽しみ、バースプラン（57ページ参照）通りに時間が流れていきました。

なによりすごいのが全くお腹が痛くないことです！　お腹の張りはあるものの全く痛みがなく、お陰で最後まで落ち着いて出産という貴重な体験をじっくりかみしめることができました。そして病院に着いてから12時間後、午後8時27分、待ちに待った赤ちゃんが誕生しました。

元気一杯の赤ちゃん、さっきまでお腹の中にいた赤ちゃんが胸の上で元気に動いている、とても不思議な感覚です。お腹を力いっぱい蹴《け》っていたのはこの小さな足だったのね？　愛《いと》しくて愛しくて体をなでまくりました。母の胸に抱かれ安心しているのか、赤ちゃんはほとんど泣くことなく落ち着いた様子。穏《おだ》やかなひと時でした。

家族三人で力を合わせてがんばった本当に素晴らしい出産、すべてに感謝です！　そんな娘ももうすぐ二歳、お陰さまで元気に成長しています。次は家族四人で力を合わせ、また同じような出産にしたいと思っています。

東京都・棚木めぐみ（助産師）

※

女性はお産で何度でも生まれ変わる

自宅出産。なんと気骨あふれる、積極的《アグレッシブ》で自由で夢多き響きのお産でしょう！

それは妊婦さん側からすると魅惑的な自然現象であるとともに、開業助産師からすれば細心の注意・管理・医療の連携の必要な、ある意味でリスクを背負うお産といえます。自宅出産をお引き受けした時点で、私たちは、あなたと運命共同体になるのです。これはつまり、
「妊婦さん、あなたのこころとからだの自己管理・セルフケア能力を心から信用していますよ！」
ということです。自宅出産イコール自己管理、につきるといってもいいでしょう。

おおざっぱに言って、大学病院→個人病院→助産院→自宅、という順番で自己管理能力やお産への姿勢の求められかたが厳しくなっていくと思います。

「自宅で産むのは楽しそう。でも、身体の冷え、お灸《きゅう》、散歩、会陰《えいん》マッサージ、食事や体質の改善はめんどくさーい！」と言って、ジャンクフードばかり食べているような人は、「施設分娩にしてください」ということになります。そういう義務を「めんどう」と思わず楽しめる方、「どう産みたいか」をコミュニケーションできる方が、自宅出産に向いています。

だから、自宅出産が増えるということは、より意識の高い、お産に自信のある妊婦さんが増えるということで、日本のお産全体の質があがるということだと思っています。

また、家族のどなたかが、自宅分娩に対して懐疑《かいぎ》的であったり、肝心のご夫婦仲に何かトラブルがあるときは、いいお産にはならないことも。周囲の人間関係を風通しよくしておくことが大切です。さらに、必要以上に、医療介入を避《さ》けたいという思いの強すぎる方も、いざ病院などに

私を支えた一言
遠くばかり見ているから足元の答えが見えないのです。遠くばかり見ているから転ぶのです。

搬送になったとき、つらい立場になってしまいます。「命」が100％完全ではないように、その「命」を産み出すお産もまた、100％完全とはいかないのです。思い通りにならないお産。それもあなたが結果的に選択した素晴らしい価値があるお産なのです。

どこで産んでも、生まれても、あの産声をはじめて聞くとき、神のような存在に畏敬《いけい》の念を抱かない人はいません。あの野生の発露《はつろ》のような何かの力に圧倒されるとき、あなたの中の「どこで産むか」というこだわりは過去のものとなり、非常に瑣末《さまつ》なことに感じられるかもしれません。結果的に病院等に搬送になったとしても、それをむやみに恐れることはないのです。

自宅出産でも施設分娩でも、お産を自己実現・自己啓発の一つと捉えると視点が変わります。新たな自我が登場するといっても過言ではありません。女性はお産を契機に何度でも生まれ変わることができる生きものです。私たちと一緒にいいお産を楽しみましょう。そしてさらなる自己実現をめざしましょう。素晴らしい瞬間が待っていますよ。

※ 富山県・安念幸子さん

生まれるところは赤ちゃんが決める

「安念さ〜ん、やっぱり助産院出産無理かもしれんわ〜」と助産師さん。それは、妊娠38週の出来事。出産の5日前の事だった。36週に入ったとたん、赤ちゃんの心音が落ちたのだ。かんし分娩や帝王切開やら、思いもよらぬ言葉が並ぶ……。それでも、諦《あきら》めずにできることを毎日続ける。スクワットや足湯、お灸《きゅう》など。時間があれば、20〜30分の散歩もした。

しかし、14日の検診で、また心音が下がってしまった。医師より「明日、人工的に陣痛つけてみて、そのまま心音が下がらなければ、そのまま様子を見る。心音が下がったら、帝王切開に……」ということになる。

翌朝、ラッキーな事に、弱〜い陣痛が起こってくれる。おかげで、促進剤使わずにすむ。しかし、またもや、心音下がってしまう。それも一番悪い下がり方と言われてしまう……。決断のつかない私は、助産師さんに電話する。「安念さん、もう赤ちゃんが、出してくれって言ってるんだよ〜。今なら、他の子と同じ元気に産まれてくるから。元気な赤ちゃんあってのお産だよ」と。その言葉に「あ、そうなんだ。赤ちゃんの命が一番大事なんだ。自分は自然分娩にこだわりすぎていた」と反省。そうだ、以前、助産院で「産まれる場所は赤ちゃんが決めるんだよ」と言われたことを思い出した。

10月15日、午後14時04分、帝王切開にて元気に誕生。

赤ちゃんからのSOSを見逃さず、的確な判断をしてくださった先生、心の支えになってくれた助産師、そしてスタッフの皆さん、家族に感謝です。たくさんの方に支えられた出産でした。帝王切開だったけど、とってもいいお産でした。元気に産まれてくれて、ありがとう!!

私を支えた一言
大丈夫と思えば大丈夫になる。ダメかもしれないと思うと、ダメになる。人生はそのようにできているみたいです。

帝王切開に受身にならないで

帝王切開は、経膣《けいちつ》出産をするとお母さん、赤ちゃんに危険がある場合に行われます。欧米に比べ、日本のお産では、帝王切開率は低いといわれてきたのですが、最近では少しずつ増えています。その主な理由は、産院サイドが、リスクのある場合はすぐに帝王切開でのお産になることに加え（これは医療訴訟になった場合の備えということもあるようです）、女性の側も、陣痛が怖いから、安全だからという理由で抵抗感が以前よりも薄れていることもあるようです。

そうした状況ではあったとしても、自然なお産がしたいと妊娠中もがんばってきたのに、帝王切開をするようにといわれたときの挫折感は、とても大きくなってしまいがちです。場合によっては、出産後何年間も、その傷を抱えている方に出会います。そうならないために大切なことは、帝王切開について、受身にならないことです。

施設によって、次のような場合は、帝王切開になるか、ならないかの差がかなり大きいようです。

・前回、帝王切開だった。
（以前は、一度でも帝王切開をすると、次からのお産も帝王切開となることがほとんどだったのですが、最近は、帝王切開後の経膣出産（VBACK《ブィバック》）を行える施設が少しずつですが出てきています。一度、手術をしたお腹ですから、子宮破裂のリスクが高くなります。情報もまだ限られていますので、信頼できる医師としっかりとコミュニケーションをとれてはじめて可能になります）
・赤ちゃんの頭に比べて骨盤がせまい（児頭骨盤不均衡）。
・逆子《さかご》のため。
・双子のため。

自然なお産をしたいあなたが選んだお産のパートナーであれば、右にあげたようなケースでも、経膣でのお産の可能性を一緒にさぐってもらえるはずです。あなたの気持ちを話

私を支えた一言　いま私は「いとおしい、大切な宝」を抱っこしている。

してみましょう。

帝王切開の経験をこころの傷にしないために

帝王切開はなるべく避《さ》け自然なお産をしたいと努力はしたけれど、選択肢が帝王切開しかなかったときは、気持ちを切りかえ、手術後のあなたと赤ちゃんのことを考えましょう。手術を受ける前に、知っておくと役に立つ大切なポイントをあげてみます。

・帝王切開を決める前に、医師からの説明を納得いくまで聞く。
・手術中は眠らず、子どもが生まれてくるのを「感じ」ましょう。
・パートナー、友人、子どもたちに手術前にできるだけ一緒にいてもらいましょう。
・赤ちゃんが生まれたら、手術室で、また回復室で赤ちゃんをすぐに抱かせてもらいましょう。手術後、赤ちゃんは別室につれていかれることが多いので。

・痛みがあれば躊躇《ちゅうちょ》せず痛み止めをもらい、服用しましょう。
・なるべく母子同室で過ごしましょう。
・母乳育児も可能です。傷がいたまない姿勢を病院の助産師さんにアドバイスしてもらいましょう。
・悲しくなったり、怒りがこみあげてくるのも自然な感情です。感情をおさえつける必要はありません。可能であれば、気兼ねなく話せる、お産の振り返りの会や育児サークルで自分の気持ち、体験を話してみましょう。帝王切開の経験をしたお母さんたちが定期的に集まり、自分たちのお産の経験を語り会う集いやサイトもあります。生まれてきた赤ちゃんのために、一人で落ち込むのはやめましょう。

神奈川県・菊池美樹江さん

私には4歳と1歳の息子がおり、二人とも帝王切開での出産です。以前から自然分娩にこだわっていましたが、予定日の6週間前に早期胎盤剝離《はくり》という突然の出血で、緊急帝王切開により長男は産まれてきました。体重は2162グラムでした。妊娠中に「約2割の人が帝王切開」と産院で聞いた時は「まさか私は」と帝王切開に関する情報は何も集めませんでした。

ところが、自分が手術を受けると、おっぱいのこと、麻酔が切れた後の自分の身体の動かし方

私を支えた一言
孫は確かにかわいいが、それ以上に母親になるべく努力している娘はけなげでいとおしい（母からの言葉）。

など全くわかりません。術中は、とりあげられるまでは気が張っていたせいか、あっという間でした。

しかし、産まれた後に突然息苦しさを覚え、過呼吸状態になり恐怖感を感じました。術後も肺塞栓《けっせん》防止のため、足に装着していたマッサージ器によって体を動かせなかったことや、麻酔が切れた後の痛みはひどかったです。

その後、長男が1歳半の時に子宮筋腫で再び開腹手術をし、次男は予定帝王切開となりました。産院は長男と筋腫の手術でお世話になった病院です。

今回はハイリスク妊婦ですが、筋腫のトラブルもなく、帝王切開ながら自然のお産に近いものとなるよう病院側にお願いしました。おっぱいの吸いつきがよくなる38週での出産、手術中の授乳、術後直後の母子同室開始などでした。

前回の麻酔でのことがあったので、ホメオパシーの使用を麻酔科医にお願いしたのと、最終的には酸素マスクにラベンダーをたらしたティッシュをはさみ、大変リラックスした状態で手術を受けることができました。わが子がとりあげられてからすぐに胸元に抱っこさせてもらい、おっぱいをふくませました。医療技術も進歩していましたが、麻酔が切れたときの激痛は変わりませんでした。

帝王切開でしたが次男のお産はとても心に残る「いいお産」でした。自然分娩だけが「いいお産」ではないこと、「帝王切開によるお産でもいいお産はある」ということを皆さんに知っていただきたいです。帝王切開はマイナスのイメージがありますが、自分次第で「いいお産」になるはずです。

緊急の場合は状況が違いますが、予定帝王切開の場合は、できるだけ自然に近いお産ができるよう下調べをして、それを叶えてくれる病院を探してほしいと思います。残念ながら産院が減っている現在の状況ではそれは難しいのでしょうか。

お産ではぐくむ赤ちゃんとの絆

自然なお産には、お母さんと赤ちゃんとの間に愛情の絆《きずな》（アタッチメント）を産後の早い時期に築くための条件がそろっています。アタッチメントとは、人が特定の他者に対して形成する愛情の絆のことです。脳科学や発達心理学など様々な研究結果から、お母さん（あるいは、自分の世話をしてくれる人）との間にアタッチメントを早期に築くことがで

私を支えた一言　困難があるからこそ幸せを感じることができる。

きたかどうかが、赤ちゃんのその後の心身・知的・精神面での発達・発育を大きく左右することがわかってきました。

アタッチメントという概念は、80年代にアメリカのマーシャル　H・クラウスとジョン　H・ケネルという研究者が『母と子のきずな　母子関係の原点を探る』（医学書院）という本で、母子の絆の形成についての研究成果を発表したことによって、多くの人に注目されるようになりました。

二人の研究者は、この本の中で、早い時期からふれあっていた母子の方が、後により強いアタッチメントをはぐくむようになるとしています。その後、アメリカの小児科医シアーズ博士が、この研究結果をもとに、子どもと両親の間に一生涯続くアタッチメント＝愛情の絆を育む育児法「アタッチメント・ペアレンティング」を提唱します。１９９３年に出版されたシアーズ博士の『ベビーブック』には、産後の絆づくり、母乳育児や母子密着の大切さがわかりやすく書かれ、世界中でベストセラーとなりました。

欧米の産院で、そして日本の産院で起きている母子別室から母子同室（母子密着）への流れに、「出産直後の数時間を母子同室で過ごすことが、赤ちゃんとの絆を深める」としているアタッチメントの研究が一役かっているのは間違いありません。でも、そのためには特別なことをする必要はありません。赤ちゃんと同じ部屋にいて、赤ちゃんをなでたり、みつめたり、おっぱいをあげたり……。母親となったあなたなら、自分の傍らにいる生まれたばかりの赤ちゃんを見て自然に行いたくなることばかりなのですから。

未熟児や、帝王切開で誕生した赤ちゃんのように、出生後、一時的にお母さんから引き離されても大丈夫。母と子の絆は、誕生から乳児期、幼児期を通じて数々のステップを踏みながら築き上げられていくものだからです。赤ちゃんが手もとに戻ってきたら、すぐに愛情いっぱいの子育てを始めましょう。

赤ちゃんとの絆を深める8つのポイント

アタッチメント・ペアレンティングのアプローチの基本は、子ども（赤ちゃん）の生理的・情緒的欲求を尊重することにあります。「人間的なあたたかなふれあいの中で産み育てること」と言いかえてもいいかもしれません。そうすることによって、赤ちゃんは自分の

私を支えた一言　赤ちゃんはママの全てを信頼しきっています。

欲求が満たされて安心し、周囲の人々への信頼感をはぐくむことができるのです。健やかなアタッチメントを築くことができた子どもは、成長してからも、周囲の環境・人々とも信頼感をベースにバランスがとれた関係性が築けるという考え方です。

シアーズ博士が顧問をつとめるアメリカの子育て支援NPOアタッチメント・ペアレンティング・インターナショナル（A・P・I）は、赤ちゃんとの絆《きずな》を深めるために大切なことを次のような8つの目標にまとめています。

①赤ちゃんとの絆づくりはお産の準備から

赤ちゃんとの絆づくりは、赤ちゃんがお腹にいるときから始まっています。どのようなお産をしたいのか、どんなサポートが必要となるのか、妊娠中から積極的に情報を集めて、納得のいくお産をしましょう。（この本を読むことも、その準備の一つですね。）

②赤ちゃんからの合図に応えてあげましょう

赤ちゃんがなぜ泣いているのか、その泣き声や表情、しぐさから理由を察してあげるしかありません。お腹がすいているのか、眠たいのか。それともどこか具合が悪いのか。赤ちゃんの出す合図に細やかに応えてあげましょう。

③おっぱいで育てよう

母乳は赤ちゃんにとってもっとも自然で最適な栄養です。赤ちゃんとお母さんだけでなく、社会的にもたくさんのメリットがあります。粉ミルクをあげるときも、「母乳で育てている」ようにあげることで、アタッチメント・ペアレンティングを行うことができます。

④抱っこ&おんぶでいつも一緒

赤ちゃんとお母さんが密着する布製の抱っこ紐《ひも》（スリング）やおんぶ紐で、赤ちゃんをお母さんの身につけるようにすると、赤ちゃんは安心します。スキンシップの時間が増えると同時に、移動する動きによって、赤ちゃんの脳への刺激の成長を促します。

⑤寝るときも赤ちゃんと一緒

夜間も、赤ちゃんの欲求にすぐに応えてあげられるよう、一緒に眠りましょう。お母さんと一緒に眠ることで、赤ちゃんは必要なときにおっぱいをもらいながら、安心して眠ることができます。

⑥赤ちゃんと離れる時間を最小に

赤ちゃんが自分の要求を伝え、それにお母さんがすぐに反応する相互作用を繰《く》り返すことで、親子の間にアタッチメントが形成されます。まだ言葉を話すことができない赤ちゃんから、度々、あるいは長時間離れていると、このアタッチメントの形成を妨げることに

私を支えた一言
子育ては3人目でやっと余裕が出るんだよ（生後3か月頃、公園で見知らぬおばあさんに言われた。3人以上産まなくちゃ、子育ての醍醐味は味わえないよと言われた）

なります。

⑦他者への信頼と共感を育む

「～をしてはいけない」と規則や体罰で子どもをコントロールするのではなく、他者への信頼と共感によって、子ども自らが、自分の行動や感情をコントロールできるように育てていきましょう。

⑧バランスのとれた暮らし

赤ちゃんの世話だけで毎日が過ぎ、疲れ果てていませんか？　たまにはあなたのための息抜きも必要です。赤ちゃんの欲求に上手に応えながら、あなたがリラックスするための時間や、夫や他の子どもたちとの時間も大切にしましょう。

（『アタッチメント・ペアレンティング』自然育児友の会冊子より抜粋）

ここにあげたのは、あくまでも「目標」としてのガイドラインです。お家の事情でできないこともあるかもしれません。完璧《かんぺき》にこの通りに行わなければと無理をする必要はありません。一人ひとりのお母さんにとって、それぞれの「いいお産」があるように、赤ちゃんを迎えたあとも、あなたの家族にとっての「いい子育て」をみつけてください。

第2章
妊娠期の過ごし方と楽しい分娩のために

出産というと「鼻からスイカを出すような痛みが……」というようなことばかりが有名になって、恐怖心が先立っている人も多いようですが、そんな出産ばかりではありません。妊娠の時期から食事や生活習慣に注意したり、充分な準備をしておけば驚くほど充実した出産ができるのです。

安産への近道

お産は「自分の力ではどうにもならない」もの、と思っていませんか？　本当はそんなことはありません。安産への近道は確実にあるのです。毎日毎日のセルフケアのつみかさねで「手に届くもの」になります。

セルフケア・自己管理、と聞いてまず思うことは「体重管理」でしょうが、妊娠前にやせている人と、もともとふくよかな方とではまずスタートが違います。

妊娠期間が経つに従い　ますます体力・気力が充実し、健康になっていく、そんな妊婦さんでしたら多少ふくよかでもまったく構いません。逆に体重が5kg増でも動かず、筋力も落ちていて、階段をのぼるだけで息が切れるようでは、いいお産に結びつきにくいものです。以下に安産への近道……比較的オーソドックスなものをあげてみました。

①早寝早起き

自律神経を整える、安産の基本です。いつも寝るのが夜中の1時、2時ではよくありま

私を支えた一言　赤ちゃんはお弁当と水筒を持って生まれてくる（3日ぐらい、おっぱいが出なくても大丈夫）。

せん。日付が変らないうちに寝る習慣をつけましょう。

②毎日のお散歩

最低1時間を目安にしましょう……通勤時、ひと駅前で降りて歩くなど、日々の工夫で結構歩けます。上のお子さんがいる場合は一緒に公園などで遊びながら歩くといいでしょう。ただし、流早産傾向のある方はやめてください。

③マタニティ・ヨガやバランスボール・エクササイズなど

からだの柔軟性に自信のない方・体を動かすのが億劫《おっくう》な方は特にお勧《すす》めです。最近ではDVD付きの便利な教材もありますが、ビギナーは教室に通ってみるのも楽しいものです。

④半身浴・足浴・5本指靴下など衣類の工夫

冷え性対策……大半の女性は冷え症ですね。妊娠中は体温が上がりますが、それでも普段手足が冷たい方にお勧《すす》めです。汗をかきにくい方にもお勧めです。毎日の習慣にされるといいでしょう。

⑤「まごは（わ）やさしい食」

和食を中心としたバランスのよい食事をとりましょう。〝まごはやさしい〟と覚えると

ご
ごま
は(わ)
わかめ(海草類)
ま 豆類
「まごはやさしい」で
いただきます!
や 野菜
い
し
さ
魚(小魚)
いも類
しいたけ(きのこ類)

簡単です。「ま」豆類。「ご」ごま。「は（わ）」わかめ（海草類）。「や」野菜。「さ」魚（小魚）。「し」しいたけ（きのこ類）。「い」いも類。

⑥赤ちゃんを一人前の人格として扱うこと

胎児名をつけて毎日名前を読んでお腹を触《さわ》り、今のうちから絆《きずな》をつくっておくことは、大事です。本番で、もっとも苦しいときに「赤ちゃんとつながっている」自覚があなたを冷静にさせ、産む力を引き出してくれます。

⑦おっぱいのお手入れ

産院で教えてくれます。特に陥没乳頭《かんぼつにゅうとう》など、乳首に問題のあるママさんはがんばりましょう。妊娠中のお手入れでかなり改善し、赤ちゃんが飲みやすいおっぱいになります。お産本番でも乳頭の刺激をすることは、お産の進行に大変よいことです。

⑧ストレスをためない

仕事も家事も育児も１００％こなすことは無理です。妊娠中は完全主義はやめましょう。なまけるのではなく、がんばりすぎないで楽しむことです。上のお子さんがいて忙しいママさんは、土日だけパパにお子さんを預けて、ゆっくりとお散歩タイムやお風呂タイムを楽しんだり、と上手にお腹の赤ちゃんと向き合いましょう。忙しい方ほど時間のうまい使い方が身につくでしょう。元気でハッピーな妊婦さんをめざしてください。

⑨会陰《えいん》マッサージ

産院で教わるところもありますが、かなりレア情報と言えるでしょう。口コミで教わる事が多いようです。助産院ではだいたい教えてもらえるでしょう。

⑩バースプラン

バースプランとは、あなたがどのようにお産を迎えたいのか、あなたの希望を書き出したお産の計画書です。特別な様式はありません。たとえば、

【陣痛中にしたいこと】
□お風呂に入りたい。□愛用のクッションを持ち込みたい。□アロマテラピーでリラックスしたい。……

【立ち会いについて】
□夫にすべて見られたくはない。□上の子たちも立ち会わせたい。□家族みんなでへその緒《お》を切りたい。……

【医療処置について】
□会陰切開をできるだけしないで欲しい。□薬の使用は早めに説明して欲しい（※助産

私を支えた一言
泣いてばかりでごめんね。でも泣くという手段しかまだ知らないんだ。（赤ちゃんより）

院の場合は、医療処置は行われません）。……
【赤ちゃんが生まれたら】
□生まれたらすぐ、おっぱいを吸わせたい。□生まれてすぐはなにもせず、胸の上に置いて欲しい。□へその緒は夫に切って欲しい。……
他にも【おっぱいについて】【食事について】など、「こんなことはできるはずがない」などと思いこまないで、まずは素直に書いてみてください。

⑪その他

妊婦さんOKの整体院・治療院で肩こりや腰痛対策、安産のための漢方薬・ハーブティーで便秘やむくみ・貧血対策など……。漢方薬は専門の医師や薬剤師さんに処方してもらうか、専門家に教わりましょう。安定期に入ってからは、昔から安産のために利用されてきたお灸《きゅう》もお勧《すす》めです。いろいろな効果が期待できますから、助産師や鍼灸師《しんきゅうし》、専門家に教わってください（ヤケドには注意してね）。

これらは安産のためのごく一部の情報です。こうした情報にアンテナを張り、何が自分に必要なのか？　を見極め、妊娠中は自分自身の心身がより健康になっていくことに敏感

妊娠中におすすめの自然療法・セルフケア

でいてください。

「私は今、何もマイナートラブルがないからこういうことは必要ない」というものではありません。

「早め早めに手を打っておく」

「心身を鍛《きた》えていく」

「心身をお手入れする」というスタンスでいましょう。

確かに何もせずともお産の日はやってきます。でも、もし、そこで思わぬ難産だったら？　……後悔はしたくないものです。仮に難産であったとしても、できる限りのことを準備して自分に自信を持っていれば、「私は妊娠中あれだけやってきたんだ」という自信が、あなたの根底を支えてくれます。

「安産とは言いがたかったけれど、実に『いいお産』でした」と晴れ晴れとした笑顔でおっしゃった方がいました。「自己管理する」ことの真の意味とは、そういうことです。「自分に自信を持つこと」……そのためにいろいろな手段があるのです。

「産ませてもらう」ではなく「自分で産む」

言うまでもないことですが、正常で自然なお産は「産ませてもらう」ものではなく「自分で産む」ものです。セルフケアで自分の心身を鍛《きた》えることもそうですが、どこで産むか、ということも自己責任です。助産院や自宅出産は「医療」と捉えた場合には危険性もあるお産です。しかし、お産を「自然現象」や「民族文化」として捉えた場合、その意味合いは違ってきます。

助産院や自宅出産を望む方の中で数%～十数%の方は、助産師の判断によって連携している産婦人科医などに、母体搬送や新生児搬送されて、医療を必要とする結果にもなっています。

助産院や自宅出産を望んだ方が１００%そこで産めるというものではありません。

私を支えた一言　子どもはあなたを選んで生まれてきたのよ。

お産を通して受けとめる命の重さ

ある助産院では、臨月近くになると「あなたの『死生観』を知りたいので作文を書いてきてください」と妊婦さんにお願いしています。バースプランと一緒に提出していただきます。「命について」というタイトルでもいいですし、赤ちゃんに対する手紙あり、詩のようなものあり、形式は何でもいいのですが、とにかく思うことを自由に書いていただくのです。すると皆さん共通している事があります。それは感謝にあふれた内容だということです。

文面には大抵「ありがとう」の文字が書かれています。ご自分に授《さず》かった命、ここまで無事育ってきて　いよいよとなるまでにいたった命、それにただ感謝されているのです。そして命を授けてくれたパートナーと神さまに感謝、さらに自分自身の命、自分を産んでくれたお母さんに感謝、育ててくれた両親に感謝、と命の連鎖《れんさ》というか、命そのもの、森《しん》羅万象《らばんしょう》への感謝に思いが広がっていくような、そんな素敵な内容です。

赤ちゃんが生まれる前のお母さんはこうして命そのものに感謝することで目に見えない

大きな力に守られる、そんな気がします。その結果、「肝《きも》が据《す》わる」んだな、と思います。どんな子が生まれてきてもいい、男か女なんかは気にしない、無事に生まれてきさえすれば良い、そんな風に、受け入れ態勢が整うのだと思います。

また、命を生むという行為をする以上、最悪の事態も考えておいた方が良いでしょう。最高の医療を持ってしても死産は起こりえます。また到底予想もしていなかったこと……あなた自身の命も脅《おびや》かされることも起こりえます。

あなたは命を宿し、そして産み出す、でも命は光だけではなく、「死」をも内包している。だからこそ私たちは産声を聞くとき喜びの涙が出ます。感謝するのです。赤ちゃんの命とは、赤ちゃんの生と死　両方を指すのです。そしてお産をする以上、親になる以上、厳しい言い方でしょうがその両方を受け止める覚悟が必要です。

お腹の中に命を宿している今だからこそ、見えてくる「死生観」(命について思うこと……)。それを表現してみることは、このように実に意味があることです。臨月間近になったらパートナーに対し、パートナーは妊婦さんに対し、あるいは誰にも読んでもらわなくとも、「自分の死生観」についてじっくり考え、書いてみてください。

私を支えた一言

ママががんばっている事、赤ちゃんが一番よくわかっています。(私が悪戦苦闘していた時期にカウンセラーの人が「お子さんに聞いてみます」と言って、子どもの心を読んで言われました。泣けました)

本番では「産むセンス」を発揮して

臨月も近づき、いよいよという時期になりました。

一言で言うなら動物的直感で野生の本能のままにお産をする人はたいてい安産です。産むセンスのいい人と言いますか、そういった安産のケースでは、産むお母さんと赤ちゃんが主体で助産師の出る幕がないことが多いものです。するするするっとお産が進んでいきます。助産師は邪魔をせず見守るだけです。

産むセンス……と聞いて「えー！　そんなのわかりません」と思ったあなた、そういう方はおそらく「頭を使いすぎ」の大変頭のいい妊婦さんです。そういう方は今日からあえてボーッとする時間を持つことをお勧《すす》めします。育児書や安産の手引書を閉じ、たまには目的地を決めないお散歩でもしてみましょう。お天気のよい日に空を眺《なが》めてみましょう。小さいときのように雲を見て「『あれって何に見える？』遊び」をしてみましょう。きっとお腹の赤ちゃんも喜び、自分自身新しい発見があります。

子どもの頃の自分みたいに、のびのびと肩の力が抜けて、「○○商事にお勤めの○○○○さん」ではなく、「子どもの頃の○○ちゃん」になれたらそれでいいのです。ありのままに。すると産むセンスがなんとなくわかってきます。

妊娠中、つわりでご自分の鼻が妙によくなったり動物的になったりした、と感じられる方は多いと思います。これは、妊娠中にすでにからだが「産む準備」としていろいろなサインを送ってきているということです。

どうしようもなくこの匂いがいやだ、我慢できない、なぜかお腹がすいてたまらない、急に甘いもの好きになった、いつもいつも眠くてたまらない、臨月が近づいたら今度は夜中に何度も目が覚める、ものすごく涙もろくなって困る、お風呂に一日に何度もつかりたい、ついには水中出産したくなってきた……これらはみんな産むセンスをはぐくむ準備です。

本能があなたを変化させ、動かしています。逆らわず、うまく波に乗ったりやりすごしたりして うまく付き合っているうちに〝センス〟はどんどん磨《みが》かれていきます。

私を支えた一言
子どもは後ろを振り返ること無く、毎日前だけ見て成長しています（反省したり後悔したりクヨクヨせずに、前を見ていい事を考えよう！）

分娩に臨んでの注意

いよいよお産当日、本番では、ご自分が痛みと共にどんどん豹変《ひょうへん》していくのがわかります。最初はそれに戸惑《とまど》うかもしれませんが、良いホルモンが出ている証拠ですから、とてもよいことです。

①とにかく温めて

痛みは体を内側から冷やしますので、夏場でも陣痛の初期は手足が冷たくなってしまいます。カイロを張ったり、湯たんぽで温めたり、電気毛布をかぶったり、お風呂につかったりして、とにかく冷やさないで温めてください。(破水していたら軽くシャワーを浴びる程度にし、湯船には浸《つ》かりません)

②環境を整えましょう

好きなBGMをかけ、照明はこの程度、いいにおいのアロマを炊《た》いて、いつものお気に入りの飲み物や食べやすいものを準備して、お気に入りの枕を手元に……。腰をもっと強く押して！　と、痛いところのマッサージを注文しましょう。放っておいて欲しければ、一人にさせてもらいましょう。

③周囲への気遣いは一切しない

「恥ずかしい、こんな声を出しちゃって」などの周囲への気遣いは一切無用です。イライラしたり、涙が出たり、怖くなったり、あなたはまるで「お産をしている猫」のように、落ち着かず、自分を邪魔する誰かを爪で引っかきたいような気分かもしれませんね。

そんなときはまずは気持ちを穏やかに、深呼吸して、スタッフやパートナーに自分がどうしたら少しでも気分よく安楽に過ごせるか、どんどんリクエストしましょう。さっきはお水が飲みたかったけれど、持ってきてもらったら急に飲みたくなくなった、そういうのも全くOKです。誰もあなたの理不尽さを責《せ》めたりしません。産んでいるあなたが女王様です。

④もっと大胆に、もっと自由に

どんどん痛くなる陣痛に比例してもっと大胆に、自由になりましょう。自分を開放してあげましょう。痛くないときはなるべく立ってうろうろしてみたり、姿勢を変えてみて自分にとってどのポーズが楽か探してみましょう。ベッドで横になりっぱなしの状態は

私を支えた一言　人生に無駄なことなんてないわ。

よくありません。起き上がった姿勢、四つんばいや、ソファーなどに前のめりの姿勢が痛みを和《やわ》らげます。

女性が「どう産みたいか」を考え、そのために正しい情報を得て、努力し、命の重さを受け止め、獲得する「いいお産」……それは本当に素晴らしくやりがいのある仕事です。「仕事」と言いましたが　実際、英語では「陣痛（Labor）」は「痛み」ではなく「労働」という意味の言葉です。このちょっと変わった素敵な仕事を、「思い出したくもない」思い出にするか、「生涯の誇り」にするか、それはあなたの今日からの関わり方次第です。「いいお産」をクリエイトし、思い切り楽しみましょう。一つでも多く、いいお産を増やしたいものです。いいお産が増えれば、それはそのまま間違いなく「いい子育て」にスライドしていくのですから。

陣痛って快感!!

埼玉県・古石暁子さん

私にとってはじめての陣痛は、破膜と同時に始まった。経験豊富な先生は、生まれるタイミングがわかるらしい。陣痛に合わせて伸びをしてみる。う〜ん、気持ちいい！　頭のてっぺん、指の一本いっぽんから痛みがすぽーっと抜けていく、なんとも快感。そうしている間にまた陣痛がきた。う〜ん（伸び）、はぁ〜〜（あくび）、やっぱり気持ちいい！　だんだん気持ちよさが増している気がする。早く次の陣痛がこないかなぁ。こんな調子で一人静かに陣痛を楽しんでいた。

分娩室に呼ばれたときには心底がっかり。陣痛が進み、看護婦さんがヒヒフーなどと言って呼吸の誘導をしてくれるが、そんな浅い呼吸じゃ気持ちよくならない。上半身だけの伸びで、一人快感を楽しむ。いよいよ痛みが強くなってきた。腰部活点を刺激すると楽になる。赤ちゃんの呼吸を感じる。合わせていきむ。出産の瞬間はまさにエクスタシーー！

「生まれましたよ」の言葉に、思わず言ってしまった言葉が「うそ〜！」。もう終わっちゃったの？　こんなに気持ちいいんだったら、あと二人ぐらい……、なんてそのときは思ったほどだった。暗い海からとても大きな太陽が昇り、あたり一面がふわーっと明るくなって海が静かになった絵が浮かんだ。お腹にいるときからの約束どおり、息子はつるんと生まれてきた。

産後の完全母子同室も本当にうれしかった。前回は帝王切開だったために、生まれてすぐに抱かせてもらえなかったこと、生後5日目まで別室だったこと、母乳育児に最初からつまずいたこと、それを看護婦さんに言われて泣きながら退院したこと。赤ちゃんが生まれて幸せなはずなのに、なんだか納得いかないことが多かった。「寂しかったね、つらかったね」と当時の自分に語

私を支えた一言　子育ては一人じゃできないんだから……。

りかけながら、心のわだかまりが少しずつ溶けて流れていくような癒《いや》しの時間だった。

「何かあったらいつでも言ってね、駆《か》けつけるから」と声をかけてくれた友人の言葉がうれしかった。つわりや産後のしんどいときにおかずを持って遊びにきてくれた友人もいた。夫と二人で静かに迎えた出産だったが、とても大勢の人に見守られた温かい感じのする、幸せなお産だった。多少の医療介入はあったものの、それも含めて信頼できるいい先生のもとでお産をさせてもらったと満足している。分娩台も、時間が短かったせいか苦にならなかった。全面的に支えてくれた夫、それから娘、遠く離れて心配ながらも見守ってくれた両親、応援してくれた友人、そして何より生まれてきてくれた息子、一人ひとりに心から感謝している。

東京都・中島美保さん

※

スタンバイエンジェルの頃から……

結婚後、夫から持病（潰瘍《かいよう》性大腸炎）の薬の副作用で精子が少ないかもしれない、と打ち明けられてから、わが家ではさまざまな不妊治療や検査を試みることになりました。それから9年目の結婚記念日に第一子を連れて家に帰ることができました。

切迫流産のため絶対安静入院から始まった今回の妊娠でしたが、その後の経過は順調そのもの。散歩とマタニティヨガで身体を充分動かすこともできました。いろいろと本などを読むうちに自然分娩に興味が出てきましたが、これまで3回の妊娠初期の流産があったのと、私自身が高齢初産の妊婦であったため、直前まで検査、治療を続けてきた病院での出産を決めました。

そんなわけで夫の立会いはもちろん、自宅出産の方が経験するような感動的なシーンをいろいろと思い巡らせながらバースプランを作成しましたが、予定通りに進まないのがお産というものなのでしょうか。予定日より2週間早い夜中の破水からお産が始まりました。入院と同時にモニターを取り付けますが、赤ちゃんの心拍が弱くなることがあり、このまま陣痛が始まるのが遅くなれば帝王切開ということで様々な書類にサインをしました。そうこうしているうちに陣痛がどんどん進み、翌日のお昼には出産となりました。途中、またしても赤ちゃんの心拍が弱くなり吸引分娩となったため、バースプランの内容のほとんどはかなわないものとなってしまいましたが、夜中からのお産であったため、夫の立会いができたこと、担当の助産師さんのおかげで出産後病室で胎盤を見せていただくことができたことなど、満足のできる幸せな出産となりました。

これまで長い間、「妊娠10週目」を乗り越えることを待ち続けて治療を続けていたため、実際の出産までの日々は実にあっという間に過ぎていきました。ただ今にして思えば、治療を続けている生活の間じゅうもずっと「生まれたがっている命をなんとか助けてあげたい」という思いが心の中でありましたので、何年も赤ちゃんの魂と一緒に暮らしてきたような気がしていました。

よくがんばったね。これからもずっと一緒だよ。

私を支えた一言
1か月前の赤ちゃんを思い出してみてよ。こんな成長しているじゃない。

※

感謝感激!! みんなにありがとう!

千葉県・原真紀子さん

予定日の4月5日朝方、おしるしがある。その後何もなく6日は母と散歩。7日は家でワックスかけ。8日2時すぎ、お腹が寒く何だか痛い。トイレに行くと赤い血が多めに出る。その後おしっこのたびに出る。この日は検診だったが電話し、家で様子を見たい旨、助産師に伝えた。まだ陣痛は始まっていない。夫は朝、腹痛のため医者に行き、仕事を休んでいる。15時過ぎ、5歳と3歳の上の子を保育園に迎えに行く。18時に陣痛が10分間隔くらいになったので、夫に運転してもらい家族で助産院へ。着くまでの30分程で5～6分間隔になる。車の中で長女と手をつなぎ落ち着けた。お腹の赤ちゃんは、なぜか陣痛の直前にモゴモゴと動くのがかわいく愛しかった。

着いて内診。子宮口4センチ。トイレに2回行き、2回目は肛門に圧がかかる。陣痛時には赤ちゃんが降りてきているんだ、陣痛を楽しもうという気持ちでいっぱいだった。痛みも何だか快感だった。四つんばいで三女は生まれた。子どもたちが眠くならないうちでよかった。

後から助産師が肛門を押さえていたのを離したちょっとの間、落ちたパットを持って二女が自ら押さえたことが、3歳なのにすごいねと聞かされた。

へその緒は3回とも夫が切り、今回は子どもたちも手を添えた。夫と私は胎盤も食べてみた。その後、長女二女とともに入院でき、騒がしく大変だったが、精神的には安定できた私でした。今でも子どもたちはぬいぐるみをお腹に入れて一方が妊婦、他方が助産師役で出産ごっこをしています。

※

二人の団結と喜びのもとで迎えられた幸せなお産

山梨県・吉沼真理さん

検診で「予定日（28日）過ぎそう」と言った助産師さんをあっと驚かせる急降下を見せて、息子が選んだのは4月25日だった。夫が休みの日曜日で、最初から二人でお産に挑《いど》めた私たちにとっても、二人の団結と喜びのもと水中で迎えられた息子自身にとっても、すごく幸せな条件だった。

当日の朝8時ごろ、6〜7分間隔の生理痛ほどの鈍痛に始まり続いておしるし、風呂で温まって様子を見るうちに痛さはどんどん強くなった。タクシーで40分かけて助産院に到着した昼過ぎには子宮口はすでに7センチ開いていた。

子宮口が10センチ開いた午後3時前、水中出産のプールに夫と二人で入る。夫に後ろから抱えられてぷかぷか浮いた状態になり、陣痛が来ると両手で両膝《ひざ》を持ってぐっと手前にひきつけなが

私を支えた一言

足元にある小さな幸せに気づかず、遠くを求めるから苦しくなるのです。

らいきむ。そのときに、「目は見開いて、顔はおへその方に向けて、お尻以外は全身力抜いて！」と、どれも自然にやってしまうのとは正反対の難しいことを言われ、夫のリードのもとで必死にそうしようと努めるばかりだった。あるときは、プールのへりにつかまって和式トイレの体勢になり、後ろからお尻を押してくれる夫の手を押し返すようにしていきんだ。この体勢の方が楽だった。

午後5時24分、息子はくるりと回りながら私の手の中に降りてきた。柔らかい髪がお湯になびく感触を私の手が受け取ったとき、「これが赤ちゃん！」と思った。

生まれる2週間前に私たちが水中出産を決意したのは、「どうしても水中で」との強い希望というよりも、自分たちの理想とするお産のためにいくつかの選択を、二人でしてきた内の最後の一つというほどのものだった。

32週過ぎからの助産院への転院の方がむしろ難しい選択で、こんな土壇場《どたんば》で移ってもしも安産じゃなかったら……などと心配もした。結果は、私たちの選択してきたことが間違っていなかったと息子が答えてくれたかのような満足いくお産だった。陣痛は予想していたよりも痛くなかった。しかし何よりも、水中出産を選んでほんとうによかったと思うのは、息子が生まれる瞬間に確かにニコっと微笑みながら出て来られたことである。三人で迎えた誕生のシーンを、この幸せプールの中へと導いてくれた今までの出会いに感謝しています。

みんなに囲まれて

※神奈川県・たーちゃんのむーにゃんママさん

私の出産は「このあたりで」と思っていた希望日に生まれました。推定体重が重かったので早く産まれるといいと言われ、満月新月前後に産まれる事が多いと聞いたので予定日よりも2週間早い満月前を想定し、入院グッズもそろえていました。

その日、早朝から夫は出張でした。気を抜いてのんびりしていたら破水して（一瞬、失禁したのかと思った）、おしるしがあり、「なるほど！」と始まりました。

丁度、検診日でしたが、陣痛の間隔があいているので一回帰宅しました。周りの人は、でかいお腹の妊婦がときどき立ち止まるので心配そうでしたが、単純な私は「助産師さんが大丈夫って言ったから、大丈夫」とトコトコノロノロバスと徒歩で帰宅、私の入院中に一人になる夫のＹシャツや着替えを準備しました。間隔が短くなってから再度タクシーで助産院へ。

緊張していないつもりでしたが、出張中の夫が助産院の自分の部屋に来てくれたときは「わーい！　大丈夫！　もうあんしーん！」とうれしくなりました。

そして、その日は助産師見習いの若い女の子が5、6人で見学。「すみません」と謝る彼女たちに「いやあ、私もこんな格好をこんなたくさんの人の前で産むとは考えつかなかったなー」

私を支えた一言　出産も育児も赤ちゃんとの共同作業。

「すみません」「いいえー、みなさん、助産師になれるよう、がんばってください！」（↑おまえもがんばれ）

でも、この方々が「お茶飲みますか」「がんばってください」「寒くないですか」「暑くないですか」と至れり尽くせりの状態。陣痛のときには痛みで他人のことなんて気にならないし、陣痛の合間はハイテンションで気になりませんでした。わが子との対面は喜びと感激で「会えてうれしい！」と感激。

よく陣痛の痛さを言われますが、私も「鼻の穴からスイカを出す感じ」と聞き、ますます謎《なぞ》でした。確かに痛い。痛いけど、別に死ぬほど痛いとか、もう二度と嫌という感じではありませんでした。普段生理痛が重かったので、数日続く痛みに較べ、これなら長くて明日まででしょう？

出産は素敵で楽しく、機会ある人には是非、前向きに体験することを勧《すす》めたい。と、思います。

神奈川県・吉田誠子さん

※

楽しかった自宅出産

それまでの検診で、助産婦さんとは信頼関係ができていたので何でも話せました。

出産当日、内診をしてもらいながら「じつは昨日便が出ていない」と正直に伝えました。陣痛が来るたびに肛門をぐっと押さえてくれ、私にはそれが「ツボ」だったのかお腹の違和感が和《やわ》らぎ、便の心配も薄れました。

私の出産は本当に楽しかった。

彼と母と妹が立ち会ってくれ、助産婦さんを交えて世間話をしながらの出産でした。お腹に違和感があるくらいで痛みが全然なく進み、いよいよ「いきみ」のとき。

何よりも有難かったのは、助産婦さんが掛けてくれた「上手、上手よ！」の言葉でした。はじめてのことで、これが合っているのか？　これでいいのか？　自分ではわからなかったけれど、助産婦さんが掛けてくれた言葉で「これでいいんだ〜」とリラックスすることができました。あのとき「こうするのよ」「こうして！」なんて言われたらパニックになっていたと思います。「生まれたわよ！」の声と同時に聞こえてきたのは、母の泣き声。あまりの感動に母は大泣きをしたのです。

それから子どもが私の胸の上に乗せられ元気に泣き出しました。私の第一声は拍子抜けするくらい楽な出産だったので「これならまだ二、三人産めます！」でした。お腹にもう一人二人入っていても、立て続けに産めそうだと思ったのです。

産後は私と子どもを繋《つな》いでいたへその緒を彼が切りました。すぐに動き回れそうなくらい元気だったのですが、数時間は横になっているようにと言われ、産まれたばかりの子どもと一緒にのんびりゆっくりしました。それまでいろいろと気をつけて（運動や食事など）出産を迎えたので、

私を支えた一言　赤ちゃんって、とっても小さいけどけっこう強い。

それが自分の中での自信に繋がったのかもしれません。

子どもが「生まれよう」という力を信じながら、私には何ができるか？　と考え、子どもにきちんと酸素補給をすることだと思ったので、とにかく呼吸をきちんとするように心がけました。この呼吸が子どもに届くんだ！　と思って、呼吸を乱さないようにしました。

それにしても助産婦さんの「技」はその全てが素晴らしいものでした。布団も部屋も「ここで出産したの？」と驚いてしまうほど何も痕跡《こんせき》を残さない技。会陰《えいん》に傷がつかないように上手に保護してくださる技。そして掛けてくださるいろいろな言葉。また出産する機会に恵まれたら、自宅で楽しく出産したいと思います。

産後の応援団をつくろう

お産の準備の中で、どこでどう産むかを決めることと同じくらい大切なのが、産後すぐの子育てを助けてくれる仲間をつくっておくことです。

最近は、少子化の影響で地域の行政も、子育て支援に力を入れています。地元の子育て支援センターや子育てのための集《つど》いの広場を一度は訪ねておくといいと思います。ファミリーサポートや産褥《さんじょく》サービスについてもチェックしておきましょう。最近は、生協も手ごろな家事サービスを始めています。

自然なお産や子育てのサポーターや仲間づくりも忘れずにしておきましょう。少しずつ増えてきているとはいえ、助産院や自宅出産でのお産は全体の1％たらず。母乳育児を一歳まで続けるお母さんもまだまだ少数派です。あとで知っておけば良かったなと後悔しないですむように、自然なお産や母乳育児の情報が、ちゃんと届く仲間づくりが大切です。まずは、お産をする病院や助産院のサークルやサロンに参加することから始めましょう。

また、自然なお産を行う産院には、妊婦さんや赤ちゃんのからだにやさしく、副作用の少ない自然療法による妊娠中のケアを取り入れているところが少なくありません。代表的なものとしては、昔から逆子《さかご》や冷えに効果があるとされてきた鍼灸《しんきゅう》や整体などの東洋医学のほか、植物の香りによるリラックス効果だけでなく、ホルモン分泌の調整作用があるアロマテラピーがあります。ホメオパシー（同種療法）やフラワーエッセンスなど、まだまだ一般的にはなじみのない自然療法を取り入れている助産院も登場しています。

私を支えた一言　お母さんも、泣きたい時には泣いていいんだよ。

できれば、妊娠中に一度はそうした自然療法のプロにみてもらうといいでしょう。特にトラブルがなくても、こうした自然療法の場合、からだ全体のバランスをみてもらえます。ほかにも、生活習慣、食べ物のことなど、学ぶこともあるでしょう。自分と相性のいい自然療法をみつけておくと、産後、何かからだのトラブルが出たとき、またセルフケアをするときに、助けになってくれます。

赤ちゃんが生まれてからは、おっぱいのことや予防接種、離乳食やアトピーのことなど、自然な育児を行う中で次々と聞きたいこと、知りたいことがでてきます。そんなときは、自然派の育児サークルや母乳育児のサークルに参加することをおすすめします。こうした育児サークルでは、月に一回程の割合で集まりを開いているので、あなたの知りたいことや悩みをそこで話してみましょう。話すことだけで気が楽になることも多いもの。赤ちゃんと一緒に参加して、リフレッシュしましょう。

子育ては一人じゃできない

二人でもしんどい。

同じ思いの仲間たちと地域で

まあるくつながろう。

第3章 子育てのスタート期を大切にするために

赤ちゃんと始める暮らし……そのスタートは人それぞれ違います。でもきっと、生まれる前の暮らしとは一変してしまう人が多いはず。

「子育てで一番大変なのはいつでしたか」というアンケートに、「産後まもなくから1か月」という解答が多かったというのもうなずけるくらい、おっぱいが順調になり、ペースがつかめるまでは大変かもしれません。でも、このスタートの時期に築いた赤ちゃんとの絆《きずな》やお母さんに身についた知恵やコツが、きっとその後の子育てを助けてくれます。

あなたは、大切にしたいスタート期をどんなふうに過ごしますか？　一緒に考えてみましょう。

「子育て」から「子育ち」へ

さぁ、生まれたとたんに始まる子育ての日々。あなたはどんなふうにしたいと思っていますか？　この本の読者のみなさんは、「自然流子育てがしたい！」と思っている方が多いでしょう。

では、自然流子育てって何でしょう。小児科医や助産師をはじめ、たくさんの方が「自然流子育て」を語っていますが、どれを参考にしたらいいのか、迷ってしまうという方もいるかもしれません。赤ちゃんは本来育ちゆく力を持って生まれてきます。それが、赤ちゃんという生まれたての命の自然な姿です。

危機を感じたら泣くことができる。そして、羊水の匂《にお》いを記憶していて、その匂いを頼りに乳首にたどりつくことができ、黒い色を目で見て捉えることができ、口に触れたらそれをくわえて吸うことができる……。

生まれたばかりの赤ちゃんは泣くことしかできないと思われていたのに、実はたくさんの能力があることが近年の研究でわかってきました。でも、そうした先端の研究成果を待

私を支えた一言　赤ちゃんが一年生の時はママも一年生。最初からうまくやれる人なんていない。

つべくもなく、赤ちゃんが持つ能力を生かし、何よりもこの、赤ちゃんが持っている自然な力を精一杯生かした子育て、それが自然流子育てと言えるでしょう。

「子育て」という言葉に対して「子育ち」という言い方を聞いたことはありませんか？子どもたちが育つのは、育てるのではなく、自らの力で育つのだという意味を含んでいますね。私たちがすべきことは、この子育ちを見守ることなのだと思います。その育ちゆく力を助けながら、日々、共に暮らすことをしていけばいいわけです。

「母乳育児」は自然流子育ての入り口

それでは、具体的に、何を心がけて赤ちゃんと暮らしていけばいいのでしょうか。

生まれたての赤ちゃんが自ら乳首を探してたどりつくように、赤ちゃんにとっては、母乳を飲むことが産声をあげることの次に必要な行動です。となれば、私たちがまずしてあげられる自然な育ちの応援といえば、やはり母乳を与えるということでしょう。

進化の過程で哺乳類が生まれ、命をお腹に宿して産み落とし、乳をふくませながら育てるという営みを、気の遠くなるような時間の中で繰《く》り返して来たのが私たち哺乳類である人間です。そんな大きな自然の命のめぐりの中で、私たちは生きています。

その流れの中に、今、自分もいると感じること。たくさんの母たちが、乳をふくませながら心地よく感じ、いとおしいと思い、ときには痛さやつらさに泣きながら、母乳育児という文化を受け継いできた、その流れの中に、今、自分もいると感じること。

おっぱいをあげている私は一人だけれど、決して一人ではないのだということ。そんなことをときには感じながら、ゆったりとした自然のリズムに身をまかせて、赤ちゃんとのおっぱいタイムを楽しみましょう。

私たちのからだが自然とかけ離れた生活をしている現代では、母乳育児のスタートで大変な思いをする人も少なくないかと思います。でも、暮らしを見直すこともしながら、母乳育児が順調になった頃、きっと赤ちゃんも機嫌よく過ごせるようになり、お母さんの体調もよくなるなど、結局は楽に暮らせるようになることが多いようです。私たちのからだという一番身近な自然は、すべてをお見通しというわけですね。

私を支えた一言　いい親になる必要なんてない。いい親の定義もない。

簡単にできる自然に近い暮らし

母乳で育てることについては、後でまた詳しく出てきますが、ほかにも自然流子育てではずせないポイントがいくつかあると思います。その一つが早寝早起きです。

人間は夜行性の動物ではありません。お日さまと共に活動するようにできています。朝、なるべく早起きして陽の光を浴びる暮らしは、生体リズムを整えると言われています。日が沈んだ後は、おだやかな灯《あか》りのもとで暮らし、なるべく早めに休むこと。現代社会では、仕事の都合でそうも言っていられない人が増える一方ですが、せめて小さな赤ちゃんのいるうちだけでも、心がけてみましょう。

と言っても、夜型の暮らしを朝型に切り替えるのはなかなか大変です。まず、一週間だけ訓練のつもりで朝起きをしてみます。起きたら、なるべく外の空気を吸って、陽の光を浴びます。夜の早寝は次第についてくるものですから、最初から早寝を強《し》いることはしません。

一見大変そうですが、実はこうしたリズムで暮らしていると、赤ちゃんの機嫌がよかったり、体調を崩しにくかったりして、結局は子育てを楽にしてくれるものです。できる範囲でいいですから、試してみてください。そして、赤ちゃんの様子の違いを感じてみましょう。

自然流育児で有名な小児科医の真弓定夫先生は、空気を加工しないということを常におっしゃっています。食べるものの質が大切なのは確かだけれども、食べものよりは水、その水よりも空気が、生物の生存にとっては欠かすことのできないものです。その空気を自然に近いものにすることが大切だというのです。

密閉された家の中で、いつも人工的に温度や湿度が管理されているのでは、まさに保育器。未熟児が育つ環境と同じ中に、健康に生まれた赤ちゃんが入ってしまっているかのような状況が、現代では当たり前になっています。

これでは、自然な能力も生かされないですよね。具体的には、外気温の±5℃の範囲内で暮らすこと。これは、かなり冷暖房に慣れた大人には暑かったり寒かったりするかもしれません。

生物には適応するという能力があります。暑さも寒さも体験しながら、汗腺《かんせん》を発達させ、

私を支えた一言
旦那には「察して」もらおうと思わず、事務的に指示を！

適応能力を高めていきます。赤ちゃんが外の風にあたるだけで泣きやむことがありますが、あれは外の自然な風にあたることの必要性を、赤ちゃんが知っているからなのかなと思うくらいです。

自然からかけ離れた暮らしをしている私たちが、赤ちゃんと暮らすことでもう一度自然に近い暮らしを取り戻す。それは、きっと身体の自然治癒力を助け、地球環境の自然快復力をも助けることになるのではないでしょうか。

何にもしないで一日が終わっても大丈夫

さぁ、赤ちゃんが生まれました。生まれて最初の数日は産院で過ごす方がほとんどです。その間は、母児同室にしても、家での生活とはかけ離れて感じられ、産院での時間が流れていますから、赤ちゃんとの生活を実感するのは、たいていは退院後になるでしょう。もちろん自宅出産された方なら、出産直後からスタートですが。

　赤ちゃんの泣き声で目覚め、起きたと思ったら、おむつを替えて、おっぱいをあげる。あら、うんちをしちゃった、といってはおむつを替える。朝ごはんも食べなくちゃ、と思っているうちに、またもやおしっこ。やっとごはんをかき込もうと思ったら、泣いておっぱいになる。ふーっ、やっと寝てくれたと一息……そんなペースで進む一日。

　朝起きてから夜も、夜中も、おっぱいとおしっことうんち。それだけで一日があっという間に過ぎてしまう、と気がついたときに、がく然としてしまう人も多いでしょう。何にもしないのに一日が終わってしまう……。

　いいえ、でもそんなことはありません。生まれたての赤ちゃんとくっついて過ごすという大切な仕事をしているのです。

　人間の赤ちゃんは、一人では生きられない状態で生まれます。だから、大人がすぐそばにくっついていないと生存の危機を察知し、不安になり、泣き出します。それまでお腹の中にいた赤ちゃんが、そんなふうに感じて、ちゃんと意思表示しているというのがすごいですね。すべて、命に組み込まれた本能の力です。

　ですから、隣にいて安心させてあげることは、とてもとても大切な仕事です。赤ちゃんが生まれたら、お母さんの最初の仕事はくっついていること、なのです。

私を支えた一言
子どもはどんな親でも自分の親を無条件に愛してくれる。

もちろん、抱っこしてあげてもいいのですが、産後休養中のお母さんにとっては、添い寝で休んでいるのが好都合です。そして、泣いたら「よしよし」とお母さんの声が聞こえる、泣いたら抱っこしてもらえる、泣いたらおっぱいがもらえる、その繰《く》り返しの中で、赤ちゃんが安心感を得、だんだん外へと関心を広げていける基礎ができていきます。産後すぐのお母さんの大切な仕事は、まず赤ちゃんのそばにいること。次に大切なのが、おっぱいをくわえさせること。生まれたての赤ちゃんは、すごい勢いで育っていますから、おっぱい、おしっこ、うんち、間に寝る、の繰り返し。それを隣で見守ってあげること、それで十分です。赤ちゃんってそんなものなのです。

でも、どうしてもいろいろ考えてしまって……という方もいますね。それはしかたのないことです。私たちは多くの場合、精一杯頭と目を働かせて勉強や仕事をする訓練を受けてきました。頭と目を使って物事に対処するくせがついているのです。だから、ただただ赤ちゃんの隣にいることが仕事と言われても、勝手がちがうので、どうしていいのかわからなくて当然なのです。

そんなとき、どうするか。最初は訓練と思って、頭で考える代わりに、心で感じてみます。「赤ちゃんに何をしてあげるべきか」と頭に浮かんだら、それを脇においておき「赤ちゃんに何をしたいかな」と自分の心に聞いてみます。「触《さわ》りたいかも」と答えが返ってきたら、何も考えずふれてみます。そのとき、なるべく視覚以外の感覚を駆使してみましょう。赤ちゃんにふれながら、「触覚」「嗅覚」「聴覚」を意識してみます。「抱きしめたい」と答えが返ってくれば、その赤ちゃんの感触や匂いを十分に感じてみたらいいのです。

そうした繰り返しの中で、心で赤ちゃんを感じるくせがついてきます。これがとても大切です。産後は特に、ホルモンを中心に身体の大転換が行われています。それがスムーズに行われるためには、頭をすぽんと空《から》にしている方がいいそうです。頭でなく、感性にゆだねながら、ただ目の前の状況を受け入れる体勢でいることが、産後鬱《うつ》などのトラブルを回避し、新しい生活への適応をスムーズにするコツなのです。

私を支えた一言
無駄なことは何一つない。

赤ちゃんってなぜ泣くの？

寝たかと思うと、またぐずって泣く赤ちゃん。夕方になると、抱っこしてもおっぱいをあげてもまだ泣いている赤ちゃん。夜中に何度も何度も起きては泣く赤ちゃん。どうしてこんなに泣くの？　どうしていいかわからなくてと不安になるし、ただ隣にいるのが仕事とはいえ、いつも泣かれたら、こっちまで泣きたくなってしまいます。

赤ちゃんってどうして泣くのでしょう？　「お腹がすいたとき」と思いがちですが、それだけではありません。先にも書いたように、生まれたての赤ちゃんが泣くのは、本能に組み込まれた能力です。生存の危機と感じるやいなや、精一杯の力で泣きます。真っ赤になって、身体中に力を入れて……。

それまでお母さんと一心同体だった赤ちゃんは、生まれた後も、お母さんが隣にいることで安心感を得ます。お腹の中で聞いていたお母さんの声が、よりはっきりと聞こえ、なつかしい羊水の匂いを感じるとおっぱいをもらえ、お腹の中にいたときのように、ぎゅっと抱きしめてもらったり、ゆらしてもらったりしていると、きっととても安心できるのですね。

反対に、お母さんの存在を感じられないと危機と感じて泣くわけです。最初はほんの数十センチ離れただけでも泣きます。しかし、赤ちゃんの能力の発達と共に少しずつ少しずつ距離が伸びて、1メートルになり、3メートルになっていくわけです。自分でハイハイをして移動できるようになると、後追いをしてトイレにさえついてくるようになるわけです。

また、いったん目の前から消えても、泣けばまた現れて抱っこしてもらえるということを繰り返す中で、安心感が培《つちか》われていくのだと思います。ときには、泣いていても抱っこできないときもありますが、そんなときは泣いて待ってもらうしかないでしょう。必ず来てくれるとわかると、ひどい泣きにはならないように思います。だんだん泣き分けをして、お母さんを呼ぶように泣くことができてきます。

私を支えた一言 今、ながーいトンネルの中にいるんじゃないかと思うでしょう。でも出口のないトンネルはないんだよ。

赤ちゃんとお母さんは一心同体？

赤ちゃんはお母さんとからだこそ離れてしまってはいますが、まだまだ一心同体なのだと感じることがあります。たとえば、お母さんがリラックスしていると、赤ちゃんもゆったりして、そのうち眠ったりしますが、お母さんが早く寝てほしくてイライラしていると、赤ちゃんも泣いたりぐずったりして、なかなか眠ってくれません。お母さんの不安は、必ず赤ちゃんに伝わっています。

ですから、子育てのスタートで何より大切なのは、お母さんが元気で不安がなく、リラックスできることなのです。ぜひ、まわりの人にも助けてもらいながら、せめてスタート期だけでも、なるべくリラックスして赤ちゃんに向かえるように条件を整えましょう。家事を援助してもらう、一人だけの時間をもらう、好きなことをする、などなど、元気になる、リラックスできる条件はその人によって違うでしょう。でも、それが赤ちゃんを育てるために必要なことなのですから、堂々とお願いしてみることです。

リラックスするための方法もいろいろありますが、妊娠中から取り組んでいた人はそれがそのまま役に立ちます。たとえば、瞑想《めいそう》やヨガなどは、深い静かな呼吸と共に心身のリラックスが得られますし、妊娠出産に取り入れられるようになったイメジェリー（お産や生まれた赤ちゃんについて、イメージトレーニングすること）も、イメージを浮かべることと同時にリラックス効果が得られます。またアロマテラピーやハーブ療法なども、植物の力を借りることでリラックスできる効果があります。このような方法を持たない人は、ひとまず、静かに目を閉じて、ゆったりと深く息を吐《は》き、からだ中の力を抜いて、しばらくその状態を保ってみます。それだけでも少しだけ楽になりませんか？

どんなときでも、息を吐くことはイライラ状態から脱するきっかけになります。歌うことも、ため息をつくことも、泣くことも、息を吐《は》くことにつながります。子守歌やわらべうたは、赤ちゃんだけでなくお母さんの方が癒《いや》されるように思います。ぜひ歌ってみてください。

ため息だって、泣くことだって、ときにはいいじゃないですか。吐けずにたまると、怒鳴り散らしたりという結果になりますが、これだって立派に息を吐いているわけです。できれば、赤ちゃんや家族に当たり散らすような息の吐き方よりは、自分でひと息つけるといいですね。ふーっと、深くひと息吐きながら、今日も子どもと向き合いましょうか。

私を支えた一言　子どもはあなたを選んで生まれてきたのよ。

おっぱい育児のいいところは?

赤ちゃんが泣くのはおっぱいだけじゃない、と書きました。でも、生まれたらすぐに始まるのがおっぱいライフですし、おっぱいが順調に飲ませられるようになる頃には、赤ちゃんの泣きも減って、お母さんも落ち着くというくらい、おっぱいスタート期が一番大変であることには変わりありません。ここでは、あらためて、なぜおっぱいがいいのかということを考えてみましょう。

近年、母乳が見直される中で、母乳の優れている点もたくさん紹介されるようになりました。人間で一番発達する脳を育てるのにふさわしい成分であること、消化しやすいので胃腸に負担がかからず丈夫に育つこと、粉ミルク（人工乳）による乳製品のアレルギー反応を起こさないこと、飲み始めと飲み終わりとの脂肪濃度の違いから、お腹が満たされて飲み終えるようになっていることなど、たくさんあります。とくに初乳には、免疫物質が豊富に含まれていること、胎便《たいべん》の排出を促すこと、腸壁を守りアレルギー等を起こしにくくすることなどの役割があります。これだけでも、母乳はやっぱりいいのね、赤ちゃんのためには母乳をぜひ、と思われるでしょう。

でも、それだけではありません。授乳という行為はそれだけで肌と肌が触れ合い、しかもこの時期一番敏感な唇《くちびる》に刺激が与えられ、最良のスキンシップである点を見逃すわけにはいきません。母乳を飲むときに噛《か》むように飲んでいることで、顎《あご》の発達も促します。

また、泣いたときにも時間や手間がかからずにすぐにもらえるので、赤ちゃんにとってもお母さんにとっても、ストレスが少なくて済みます。加えて、体調を崩し下痢をしていても、母乳ならそのまま気にせず飲ませることができます。体調が悪いと赤ちゃんは機嫌が悪くなるものですが、ぐずる赤ちゃんにおっぱいで対応できるのは、お母さんにとって何より心強いものです。

一方、飲ませる女性の身体にとっても、たくさんの働きがあります。子宮の収縮を促すので産後の出血を減らし母体の回復を助けること、乳ガンのリスクを減らすことなどが知られていますが、ほかにも、妊娠中に蓄《たくわ》えられた脂肪を自然に落とせることも大きなメリットという声が、産後のお母さんからはよく聞かれます。さらに、授乳によるホルモンの

私を支えた一言
子どもを育てるのはとても大変。だけど、一番やりがいのある仕事。

働きで、短時間での深い睡眠というパターンがとりやすくなり、夜間授乳のつらさを軽減するとも言われています。

乳首を吸われる刺激でホルモンが活発に分泌され、赤ちゃんがより愛《いと》おしく感じられるようになるという働きもあります。多くのお母さんの体験談として、おっぱいをあげているときが一番赤ちゃんのことをかわいく感じると聞きますが、母というのは自然にそうした働きに守られているのだと感心してしまいます。

さきほど、赤ちゃんが体調を崩したときと書きましたが、お母さんが体調を崩したときにも、おっぱいをあげながら寝ていることができて助かったという声も実はよく聞きます。実際の子育てでは、いろいろなことがありますが、おっぱいの安心感がお母さんと赤ちゃんとを助けてくれることがとても多いと思います。

さらに付け足すと、おっぱいなら身一つで気軽に出かけることができます。おむつと着替えさえ持てばＯＫ。外出先での授乳のコツをつかんでしまえば、赤ちゃんと二人で家にこもっているよりは、どんどん外の空気を吸って、お母さんも元気になれるような時間を過ごせるようになりますよ。

身一つで足りるということは、調乳や授乳のためのグッズも粉ミルクもいらないということです。経済的にも助かりますし、エコロジーにも貢献できます。自分と赤ちゃんの自然なからだの働きのためにも、地球の自然のためにも、できることなら、ぜひ母乳で育てましょう。

妊娠中にこれだけは！

さて、では実際におっぱいで育てるために、妊娠中には何をどうしたらいいでしょう。よく、妊娠中の乳首のケアや準備について聞かれますが、これについてはいろいろな意見がありますので、産院のスタッフやかかりつけの助産師さん、相談スタッフの指導に沿って、とお伝えしています。

むしろ妊娠中には、産後に休める体制づくりと冷えや凝《こ》りなどの血液循環に影響するようなトラブルをできるだけ解消しておくことをお勧《すす》めしています。ここまで書いてきたような母乳のよさを知り、「おっぱいっていいな」と思え、「きっと大丈夫」と安心すること

私を支えた一言
母と子は３歳までは心も体もつながっているの（父は他人だけど母と子は一心同体）

ができれば、いい循環が生まれるはずです。

また、同じように母乳で育てたいと願う仲間がいると、とても心強いものです。お互いの悩みを聞き合うだけでも、すーっと楽になると、たくさんのお母さんたちが語っています。

なにしろ、生まれたらすぐにスタートするおっぱい育児だけに、妊娠中にできることをぜひやっておくと、いいスタートが切れますよ。

出産直後の過ごし方

生まれてすぐの赤ちゃんは、乳首の周辺にある腺から分泌される匂いに引きつけられるように、時間をかけてお母さんの乳首を探すそうです。ユニセフ（国連児童基金）とWHO（世界保健機関）による『母乳育児を成功させるための10か条』は、産科施設のスタッフにむけて支援のポイントをまとめたものですが、ここにも「お母さんを助けて、分娩後

30分以内に赤ちゃんに母乳をあげるようにしましょう」とあります。

生まれたばかりの赤ちゃんは感覚がとてもハッキリしていますから、その間におっぱいを刷《す》り込むというわけです。また、早期に乳首を吸ってもらうことで、授乳に向けての母親の身体の準備が整いやすくなります。母乳が出ていなくてもいいのです。乳首を吸われ

母乳育児成功のための10か条

①母乳育児についての基本方針を文書にし、関係するすべての保健医療スタッフに周知徹底しましょう。
②この方針を実践するために必要な技能を、すべての関係する保健医療スタッフにトレーニングしましょう。
③妊娠した女性すべてに母乳育児の利点とその方法に関する情報を提供しましょう。
④産後30分以内に母乳育児が開始できるよう、母親を援助しましょう。
⑤母親に母乳育児のやり方を教え、母と子が離れることが避けられない場合でも母乳分泌を維持できるような方法を教えましょう。
⑥医学的に必要でない限り、新生児には母乳以外の栄養や水分を与えないようにしましょう。
⑦母親と赤ちゃんが一緒にいられるように、終日、母子同室を実施しましょう。
⑧赤ちゃんが欲しがるときに欲しがるだけの授乳を勧めましょう。
⑨母乳で育てられている赤ちゃんに人工乳首やおしゃぶりを与えないようにしましょう。
⑩母乳育児を支援するグループ作りを後援し、産科施設の退院時に母親に紹介しましょう。

（ユニセフとWHOによる）

私を支えた一言　お産は予定通りに進まないものよ。

ることで、プロラクチンとオキシトシンという二つのホルモンが分泌される、そのことが大切なのです。

「赤ちゃんは三日分のお弁当を持って生まれてくる」と昔から言われています。最初からふんだんにおっぱいが出る人ばかりではありません。でも、最初の一～二日は赤ちゃんも何となく寝ていいてくれたりする場合も多いようです。それでも、泣いたら抱っこして、そして一日に何度も乳首を吸ってもらいます。こうしておっぱいタイムに向けて赤ちゃんと二人、トレーニングを積むわけです。初乳には大切な役割がありますので、ほんの少量でも吸ってもらいます。そうしているうちに、おっぱいが急に張り出したり、出てきたりし始める人も多いのです。

ただ、初期の授乳では注意すべき点があります。まず、産後まもないお母さんが疲れないよう、また変な姿勢のくせをつけないよう、授乳姿勢に気を配りましょう。いろいろな抱き方がありますが、背中を丸めてかがみ込まなくてもいいような姿勢に、赤ちゃんの下に座布団やクッションなどを置いて調節しましょう。乳房と赤ちゃんの口とがなるべくまっすぐなるようにくわえさせましょう。唇をまきこまないで、朝顔のように外へ向けて開いているように、もし巻き込んでいたらちょっと外へ開いて助けてあげます。そし

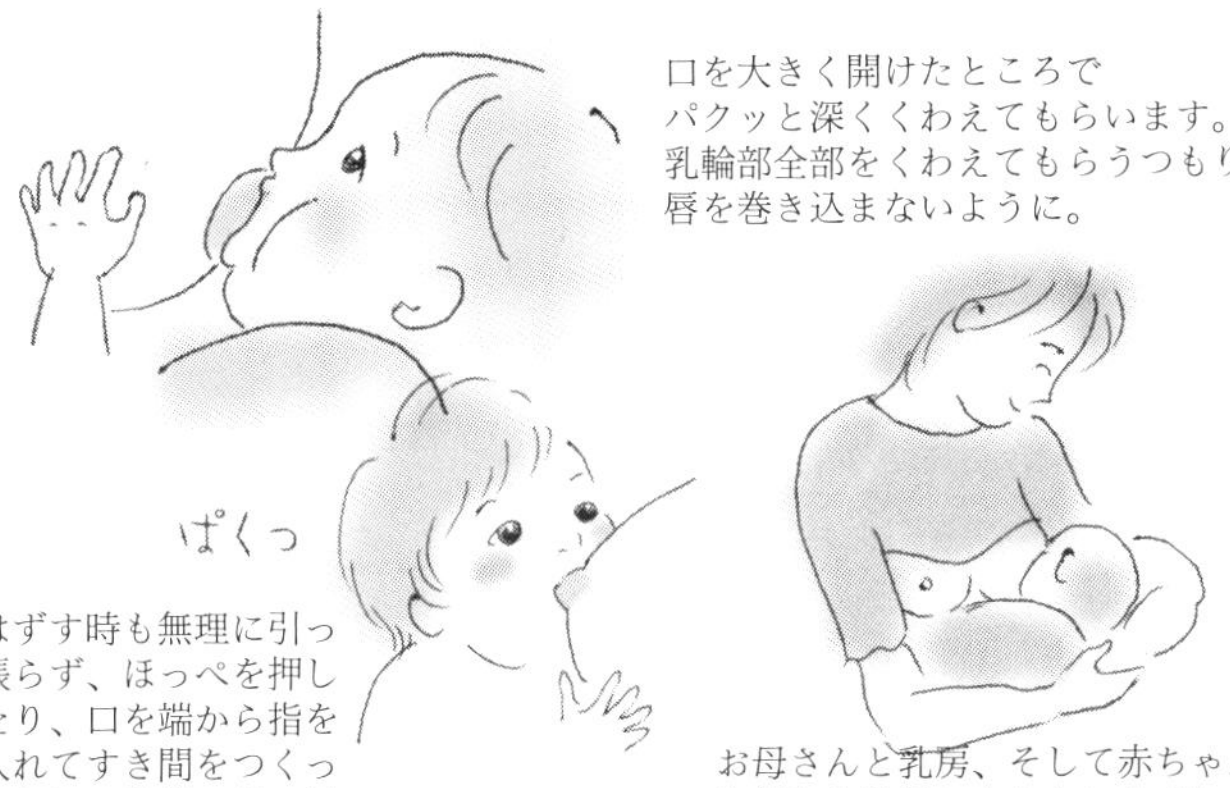
おっぱいをくわえさせる時のポイント
はずす時も無理に引っ張らず、ほっぺを押したり、口を端から指を入れてすき間をつくったりして乳首に吸い付いている力を抜いてから離します。
お母さんと乳房、そして赤ちゃんがねじねた位置にならないように、ゆがまないように飲んでもらうと、しこりができにくいのです。

て、なにより深くくわえてもらうように、後頭部を支えます。

この時期は、まだ乳首が固く、しかも皮膚も弱いために、赤ちゃんが浅くくわえたまま吸っていると、乳首が切れて痛い思いをすることが多いのです。乳首が固く、上下、または左右から指ではさんでみても根元が薄くのびないうちは、赤ちゃんのくわえ方に注意してあげます。いったん切れてしまうと、とても痛くて授乳がつらくなります。ぜひくわえさせるときにほんの少しだけ注意してみてください。

さらに、産後はまだ母体の回復期ですので、消化能力も落ちています。栄養のあるものというよりは消化のいいものを食べるように注

私を支えた一言

完璧じゃなくていいの、それよりもお母さんの笑顔が一番よ。

意します。とりわけ、まだ母乳が順調に出ていない三日くらいまでは、カロリーや水分をとりすぎると、いっきに乳房が張ってしまって痛い思いをする原因になりかねません。昔は、お粥《かゆ》で過ごしたといいますから、おっぱいが順調に出てくるまでの間だけでも、消化のいいものを心がけるといいですね。

そして、あとはひたすら休みます。昼間でも赤ちゃんが寝ているすきに一緒に寝てしまいます。そのときに用事を足そうとしたりしていると、今度は赤ちゃんがぐずってしまい眠れなかったりしますので、産後一～二週間は赤ちゃんのおっぱいとおむつと抱っこ以外は、寝ると決めるくらいの気持ちでいたほうがいいでしょう。それでも、お祝いや家族のことなど、いくらでも用は出てきますので、「動かない、動かない」と唱《とな》えるつもりで休みます。

おっぱいは赤ちゃんが欲しがったら何度でもあげます。泣いたらおっぱい、という話もありますが、先に書いたように生まれたばかりの赤ちゃんは慣れない状況に不安なのです。すぐ隣にお母さんが寝ているという体温を感じる近さにいると、赤ちゃんも安心して寝ていることもあるはずです。離れただけで泣くことが多いものです。そんなときは抱っこだけでもいいでしょう。

いろいろなおっぱい時の姿勢

新生児の頃は
このたて抱きで
首を支え、正面から赤ちゃんに向かう方がやりやすいかもしれません。
赤ちゃんのお尻の下には
クッションを敷いて
お母さんが前かがみに
ならないように。

よこ抱きとも呼ばれ
とても楽な抱き方（飲ませ方）です。
やはり赤ちゃんのお尻の下には
何か敷いて飲ませましょう。

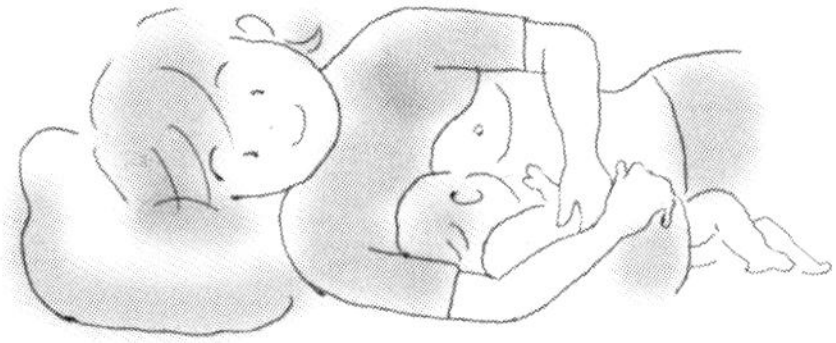

添い乳ができると、夜間の授乳が楽チンです。
赤ちゃんのお腹が、お母さんと向き合うようにして
深くくわえてもらうように気をつけましょう。
腰がつらいときは、背中や足の間にクッションを
おくなど工夫してみましょう。

よこ抱きにした赤ちゃんの体を外側にまわし
わきに抱くようにして。乳房の外側がしこり
がちのとき有効な飲ませ方です。

添い乳では腰がつらいとき、
赤ちゃんがむせるときに、
お母さんがあおむけで
飲ませることも。

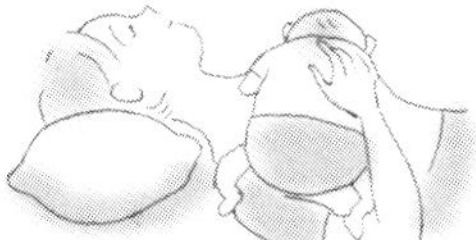

乳房の上側がしこりがちなとき、赤ちゃんのあごが上側に来るように肩越しに飲んでもらうと楽になることも。

でも、一日に10回くらいは吸ってもらうペースでいいのですから、安心して欲しがったら吸ってもらいましょう。吸ってもらう刺激がおっぱいをつくることになるのです。

おいしく楽しいおっぱいタイムのために

おっぱいはそのときによって味が違う、と書きました。ぜひ、おっぱいの味見をしてみてください。初乳の頃はミネラルたっぷりでしょっぱいのですが、その後、うっすら甘いあっさりとした母乳に変わっていきます。これは大きな傾向ですが、これだけではなく、そのときそのときで少し味が違います。もちろん、つまり気味だったりしてトラブルを起こしているときは、明らかに味が違います。

「赤ちゃんはこの味の違いを匂いだけでわかるのよ」とお母さんたちのそばで母乳育児を支援し続けた助産師、故山西みな子先生はおっしゃっていました。そして、自分好みの味でないと知ると、のけぞって暴れたり、ふにゃふにゃ文句を言いながら飲んだりするというのです。

実際にたくさんのおっぱい体験談を聞いてみると、確かにそうした味の違いをわかって飲まなかったりする、いわば味にうるさい、グルメな赤ちゃんがいる一方、いつでもよく飲んでくれるという赤ちゃんもいます。そして、お母さんのおっぱいにも、多少体調が悪くても何しても、トラブル知らずの楽チンおっぱいの人もいれば、ちょっと体調を崩したり、ふだん食べないものや香辛料の多いもの、高カロリーなものなどを食べると、とたんにトラブルを起こす人もいて、これまた人それぞれです。そして、トラブルを起こしがちなおっぱいでも、いつでもゴクゴク飲んでくれる赤ちゃんに助けられて、何とかおっぱいを続けられたという人がいる一方で、つまり気味になったとたんに飲まなくなる赤ちゃんに手を焼く人もいます。おっぱいのタイプと赤ちゃんのタイプ、それぞれ千差万別ですが、その組み合わせいかんで、全く対応のしかたを変える必要が出てくるわけです。

つまり、おっぱいもそれぞれちがって、赤ちゃんもそれぞれちがう。百組のお母さんと赤ちゃんがいたら、百人それぞれちがったおっぱいと赤ちゃん。その組み合わせで対応を変えるとすると、なんと一万通りもの対応のしかたがあるということになります。もうこうなると、自分や自分のおっぱいと赤ちゃんに合った対応をする以外ない、自分たち流を

私を支えた一言　感情で怒ってはいけないなんていうけれど、人間なんだから感情で怒ったっていいじゃない！

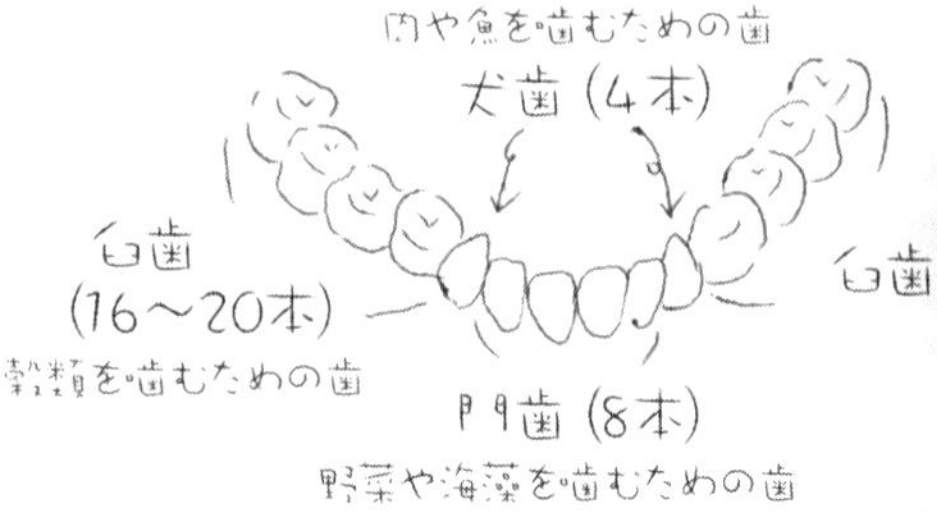

ごはんとその２分の１の野菜や海藻と、その２分の１の肉や魚ということは、ご飯と具だくさんの汁物につけもの程度の粗食が実は理にかなった食事だったりするのです。

歯の構成から食べ物を考えてみよう

見つけることが一番だということになるのです。

目の前の赤ちゃんが、喜んでごっくんごっくん飲んでくれるようなおいしいおっぱいが出るときは、きっとお母さんの体調もよく、お母さん自身のからだにとってもおいしく食べられているときなのだと思います。逆に、赤ちゃんがいつもとちがう様子だったら、おっぱいを味見してみてください。そして、お母さんが疲れ気味でないか、体調を崩していないか、食べたものはどうだっただろうと振り返ってみます。

お母さんの食べたものがおっぱいに関係するのは、母乳が血液からつくられるからです。そしてその血液は食べたものからつくられます。お母さん自身がおいしく楽しく食べていることが大切です。

できれば、食事の内容にも気を配りたいと思います。人間の歯の構成から考えると人間の食性に合った食事は、穀物：野菜や海藻：肉魚の割合が4：2：1です。とりわけ日本では長く米を主食として食べてきたわけですから、ごはん中心の野菜のおかずと少し魚（肉）という和食が、からだに合っている人が多いわけです。自分のからだがホッとする食事を自分で感じながら、おいしく楽しく、そしてできればよく噛《か》んで、食べることができたらいいと思います。

もちろん、添加物なども赤ちゃんへの影響を考えると避《さ》けたいですし、ダイオキシンが多く含まれるという脂肪が多い大きな魚も避けたいと思います。でも、それより何より、ふだんの家族の食卓を大切にしていること、基本の毎日の食事の内容をきちんと考えていることなのだと思います。それが授乳中のお母さんのからだも助け、離乳食にも影響し、元気な赤ちゃんをはぐくんでいくのです。

私を支えた一言
赤ちゃんは「愛される」ために生まれてくるだけでなく「愛してる」と伝えるために生まれてきます。

「おっぱいが足りない?」に答えます

おっぱいの悩み、とくにスタート期で一番多いのは、きっと「おっぱいが足りないのでは」という、いわゆる「不足感」についてでしょう。「飲ませても、すぐ起きて、また泣くんです」「一時間とあかずに欲しがります」等々の相談がいつも一番多いからです。

でも、おっぱいスタート期は順調にいったらすごいのであって、初心者マークのお母さんと初心者マークの赤ちゃんという組み合わせなら、慣れるまでは試行錯誤でいくしかないのです。母乳の需要と供給の関係もバランスがだんだんとれてきて、欲しがるだけ出るようなおっぱいになってきます。でも、それまでは早い人で一か月、だいたい三か月ほどかかります。中には半年たって落ち着く場合もあるくらいです。

赤ちゃんが泣くと、おっぱいが足りないと思う方も多いのですが、赤ちゃんは、抱っこをするだけで泣きやむこともあります。お母さんが抱っこするとおっぱいを要求しても、家族が抱っこすると泣きやむということもあります。母乳そのものよりも、お母さんや家族の存在が欲しいときもあるからでしょう。それでも、欲しがったらあげていいのです。

足りないからとか、時間があかないとか、そういうことではなくて、お母さんと赤ちゃんが落ち着いて心地よく過ごせていれば、それでいいのです。

「おっぱいを飲んで寝てもすぐに起きちゃうし、足りないのではと不安です。周りの家族の声にも負けて、粉ミルクを足してみたらすごくよく寝てくれるので、やっぱり足りなかったんですね」という声をよく聞きますが、これは勘違いです。母乳は消化しやすいので、すぐにお腹がすいて、また飲みます。でも、粉ミルクだと消化に倍も時間がかかるので、お腹が苦しいから長寝をするのです。私たちだって食べ過ぎた夜は眠くてしかたないでしょう。こうして、母乳が足りないと思って粉ミルクを足すと、そこから混合になり、よけいに母乳が出なくなるという一途《いっと》をたどる人も多いのです。

では、ほんとうに足りない場合の目安は何かというと、おしっこが出ないことや体重の増えが極端に少ない場合です。たとえば一日におむつの濡《ぬ》れる回数が6回以下で、ぐっしょりと濡《ぬ》れた感じがなく色や匂いも濃い場合や、体重が極端に増えない場合は、不足している可能性があります。

不足の原因としては、お母さんの体調や冷え、凝《こ》りの影響で血液循環が悪い場合やストレスや不安でおっぱいのためのホルモンが出にくい状態にある場合が考えられます。疲れ

私を支えた一言　この子は私の師匠。

には休むこと、冷えには足湯や温湿布も効果的です。また、フェンネル（香辛料の一つ）などを含んだハーブティやたんぽぽコーヒーに助けられた、という声も多いので試してみる価値はあるでしょう。

昔は加えてお母さんの栄養不足が主たる原因だったわけですが、現代ではそれはほとんどありません。それでも、もし、心当たりがあれば、ごはんと温かい汁物を多めに食べてください。

何より大きいのは、不安やストレスの影響です。オキシトシンなどのホルモンは、感情の影響を受けやすいため、「おっぱいが足りないのでは」と不安になるだけで、分泌されなくなっていきます。不足感に悩むことがよけいに母乳不足を招いてしまうという悪循環です。不安の原因を解消して、リラックスしておっぱいタイムに向かえるように工夫しましょう。

それから、夜間の授乳を欠かさないことはポイントです。夜間のほうがホルモンの分泌がされやすいそうですから、心がけてみましょう。

足りないと思って、しょっちゅうあげていたら、赤ちゃんが飲み過ぎて苦しんでいたという場合もあるそうです。とくに、スタート期はまだ赤ちゃんも自分で姿勢を変えたり運動して解消することもできないので、縦《たて》抱きを要求したり、横に寝かせると泣いたり、仰《あお》向けに寝たままで息ばったり、踏ん反《ぞ》り返ったりする傾向があるそうです。もしそんな様子が目についたら、飲み過ぎている可能性がないかどうか、気を配ってみてください。

それでも、不足しているということならば、助産師さんや母乳ケアの専門家に相談した上で粉ミルクの助けを借りる必要があります。

おっぱいトラブルのサイン

乳腺炎や乳頭痛といったトラブルについては、おっぱいを何年あげていても一度もないという人もいれば、しょっちゅう繰《く》り返す人もいます。できれば未然に防げるように自分で「おっぱい不調」のサインを感じ取れるようになりたいものです。

まず、おっぱいにしこりをつくらないようにします。長時間授乳しなかったり、片方だけあげていたり、飲み取りにくい部分があったりするのは、しこりをつくるもとです。ま

私を支えた一言　お母さんも、泣きたい時には泣いていいんだよ。

おっぱいのトラブルとケア
疲れや体調不良、おっぱいのつまりがあったら、早めに休んで、おっぱいの手当をしてみましょう。
里芋湿布は深部の熱をとってくれると言われます。ジャガイモでも代用可。
小麦粉
里芋をすりおろし耳たぶ位のパスター状にして、古布やキッチンペーパーに伸ばす。
乳頭が切れたり白い固まり「白斑」ができたりすると痛い！馬油やラノリン(羊油)を塗ったり母乳をつけてラップを貼る。
乳頭痛に
ユキノシタの葉を火であぶるか、熱湯に通して裏側の薄皮をはいで、傷に貼ります。
つまって熱をもっていたら、キャベツを胸に当てておきます。
※おっぱいのケアだけでなく、足湯など全身のケアも大切！

た、高カロリーのもの、とくに乳製品や動物性脂肪を多く食べた後はつまりを生じやすいようです。さらに、疲れ過ぎているとき、体調が悪いとき、冷えているとき、とくに背中が凝《こ》っているときなどは要注意です。おっぱいは血液ですから、全身状態が悪いときてきめんに影響しますし、胃腸の調子が悪いときは消化能力が落ちて、ふだんなら大丈夫な食事でも思わぬ影響が出て驚くことがあります。

飲みにくい方のおっぱいがあればそちらからあげるなどして、両方しこらないように飲ませます。飲みにくい部分は手を添えてみたり、姿勢を変えるなどして飲みとってもらうのが一番です。足湯をする、温湿布をするなどして、早めによく休んで体調を整えることや、ときには凝《こ》りをほぐすためのケアも必要です。ふだんから授乳中の姿勢を自己チェックしてみたり、不必要に力が入っていないか意識を向けてみることもいいですね。また、食事も消化しやすいものをよく噛《か》んで少なめに食べることです。

そうしながら、赤ちゃんによく飲んでもらうよう心がけ、同時にキャベツの葉や芋《いも》湿布で冷やすなど、身近なものでできるセルフケアの方法を知っておくと慌《あわ》てずに済みます。傷には、馬油《バーユ》や羊油《ひつじあぶら》（ラノリン）や母乳を塗《ぬ》るなど、赤ちゃんの口に入っても大丈夫なもので手当てします。昔ながらのユキノシタの葉を使う方法もあります。こうした自然流の手当ての方法はおっぱいに限らず、子育てにもとても役立ちますから、ぜひいくつか知っておくといいと思います。

同時に、自分の手には負《お》えないという見極めも大切。そのときは、助産師さんや母乳ケアの専門家に相談します。できれば、妊娠中から何でも相談できる、いわば、かかりつけの助産師さんを見つけておくことをお薦《すす》めしますが、いない場合は、助産師会や関係団体のサイトを頼りに探してください。

トラブルの多いおっぱいライフも、あとになればかけがえのない赤ちゃんとの思い出になることもありますが、なければない方が楽チン。できれば幸せおっぱいライフを送るた

私を支えた一言　いい親になろうとしないで。

めに、心も体もまあるくあったかく過ごせるといいですね。

出かけるときのおっぱいは？

おっぱいなら身一つで出かけられると言いましたが、授乳室がないところではどうしよう、という悩みを聞きます。でも、家にいるときよりも不安だったりすると、赤ちゃんはよけいにおっぱいを欲しがりますよね。

先輩たちはそんな悩みをさまざまなグッズを開発したり利用することで乗り越えてきました。たとえば、授乳服。周囲には見えにくいのに、パッとおっぱいをあげることができて、ほんとうに便利なものです。要領がわかると、自分でも下に着る服にカットを入れるなどをして、重ね着で工夫することもできます。

また、スリングも、人目につかず授乳するのに役立ちます。授乳服とスリングの組み合わせで、電車で立ったままおっぱいをあげられるくらいになれば、怖いものなしです。子育ての中では、おんぶもぜひ取り入れて欲しいと思うのですが、外出先での授乳に関しては、スリングに軍配があがるでしょう。

同様に、スカーフや布を持ち歩いて、それで目隠しにするという方法もあります。大きめの布一枚は、おむつ換えをするときやちょっとの暑さ寒さ対策にも使えますし、赤ちゃんとの外出時は携帯すると便利です。

そして何より、外出先での授乳のポイントは、早めの授乳です。そうすることで、人の注目を浴びずに授乳することができます。ぐずり出したら即授乳。大泣きしてからでは、周囲の注目をあびてしまい、さらにあげにくくなってしまいます。

また、「母乳だと人に預けられないから」という声を聞くことがあります。確かに粉ミルクのようなわけにはいきません。でも、連れて出るのが認められるところであれば、とくに、生後半年くらいまでは、おっぱいさえあれば、それほどぐずられずに済むことが多く、母乳だからこそ簡単に同伴できるのです。それでも同伴が認められないときもありま す。そんなときは家族に赤ちゃんを預け、近くに待機してもらって、授乳時間だけ抜け出して授乳する方法もあります。

授乳する条件がない場合は搾乳《さくにゅう》して預ける方法があります。8時間以内であれば、搾乳

私を支えた一言　新米ママ、少し時間が経てばもう先輩ママです。

したものを冷蔵保存して、そのまま温めてあげることができます。生後まもない赤ちゃんの場合は人工乳首を使わない方がいいので、スプーンなどであげてもらいます。少し慣れればおちょこや小さなコップから、そのまま少しずつ飲ませる方法も可能です。8時間以上保管する場合は冷凍します。搾乳したものを市販の母乳バッグを使って冷凍し、湯煎《ゆせん》で解凍して使います。

搾乳《さくにゅう》は手搾《しぼ》りが一番乳腺を痛めないと言われますが、時間がかかるのが難点。手動や電動の搾乳器もあります。いざ、搾乳しようと思っても、赤ちゃんが吸ってくれないとなかなか出ないもの。そんなときは、赤ちゃんに飲ませながら反対のおっぱいを搾乳してもいいでしょう。

冷凍の場合、少しずつ貯めておいて、合わせて使ってもらうということもできるので、一回に量が搾れない場合も何とかなります。

保育園でのおっぱいは？

預けるという場合、一番問題になるのは保育園かもしれません。今は働いている場合でも、育児休暇を一歳までとれる条件の方も増えてきたので、大いに利用したいものだと思います。もし、それがかなわなくても、働きながら母乳育児を楽しんでいるお母さんもたくさんいますから、心配せず、仕事も母乳もという選択をしましょう。月齢によって条件は変わりますが、保育園＝断乳＝粉ミルクと思わず、おっぱいを続けられる方法を探しましょう。

6か月未満で預ける場合は、どうしても母乳か粉ミルクが必要になります。6か月以上になっている場合、離乳食が入ってきますので、その進み具合によっては、どのくらい必要になるか、相談に乗ってくれる場合もあります。

保育園で母乳を与えたい場合、最近は冷凍母乳を預かってくれるところが増えています。お母さんが搾乳する条件が整えば、できればやはり母乳を飲ませてほしいと思います。その場合、搾乳の器具や搾乳した母乳を冷凍保存する冷凍庫および移動用の保冷バッグなど

私を支えた一言　「何で泣いているの？」って、慣れないうちはわからないのは当たり前。

が必要になります。ただし、職場での搾乳は時間や場所の確保が大変な場合が多いので、日中は圧抜《あつぬ》きでしのぐという手もあります。圧抜きというのは、張ってしまった乳房を搾《しぼ》ることなく、一息つかせる便利な方法です。息を吐きながら両側面（脇）から乳房の底を中心によせ、その後乳首の下の辺りを指の腹でつまんで、先だけちょっと搾る感じにするだけ。トイレでも、どこでもできます。そして、帰宅後、家で搾乳をして翌日の分を用意します。哺乳瓶《ほにゅうびん》で与える場合が多いでしょうから、できれば母乳を飲むようなリズムで飲める乳首を使ってもらうようにしましょう。

また、お母さんの条件がかなうなら、一日に2回程度授乳に通うことも検討してみてはいかがでしょうか。朝9時頃の登園前に授乳して、11時と14時頃に2回授乳すれば夕方まで何とかクリアできます。職場と保育園が近い場合は、搾乳の手間も省け楽チンです。

こうした搾乳《さくにゅう》や授乳がかなわない場合や搾乳することでお母さんが負担になる場合は、預ける間だけ粉ミルクという選択肢もあります。故山西みな子先生は、働きながら母乳を続ける場合、搾乳でお母さんが疲弊《ひへい》してしまうよりは、預ける間は粉ミルクで、お母さんは圧抜きでしのぎ、帰宅後から夜中、そして朝から登園前と、しっかり母乳を飲ませていく方が結局は長く母乳を飲ませることができてよかったというケースもたくさんあることを教えてくれました。

こうすると、だんだんと昼間は張らずに、夕方から朝だけ飲ませられるおっぱいになってくるから不思議です。

粉ミルクも近年はアレルギー対応のものが増えて、手に入りやすくなっています。そうしたものを利用しながら、園では粉ミルクでお願いするわけです。できれば、後述のように、少量を何回かに分けて与えてもらえる方がいいのですが、これについては、理解してもらえる園は少ないようです。

保育園とのやりとりでは、いろいろ考え方の違う点も多いかもしれません。食事内容から冷暖房のことまで、園との意見の食い違いに悩むお母さんたちの悩みをたくさん聞いてきました。でも、園の先生たちも、子どもたちの育ちのためと思っていることには変わりありません。

共に育てていくという気持ちを大切にしながら、関係づくりを進める中で、少しずつこちらの考え方を理解してもらえるよう伝えていけるといいですね。

私を支えた一言
出産という偉業を成し遂げた、その事に自信を持って！

粉ミルクの助けを借りるとき

お母さんの体調や投薬、仕事などで、母乳をどうしても与えられないとき、どうしても母乳が足りないとき、母乳の代わりに粉ミルクを使うことができます。母乳と粉ミルクはまったく異なったものであることに変わりはありませんが、粉ミルクでも赤ちゃんの栄養はしっかり確保できるのですからありがたいものです。その違いを知って使うことは必要かもしれませんが、粉ミルクを使うことにネガティブな思いを持つことはまったく必要ありません。なぜなら、今、目の前にいる赤ちゃんにとって粉ミルクを使うことが必要だからです。

粉ミルクが母乳と違う点は、赤ちゃんにとって母がつくったのではない異種タンパクであること、母乳とは消化時間が違うこと、味が均一であること、下痢のときには濃度や量などに注意する必要があること、などです。

そしてこうした点を理解した上で、母乳を与えるやり方を習いながら与えればいいだけです。まず、目の前の赤ちゃんの様子に合わせて与えること。量や間隔は決まってはいますが、あくまでも赤ちゃんによって個人差があります。粉ミルクの場合、どうしても飲ませ過ぎになりがちなので、よく吐く、よく息ばる、といった様子が見えたら気をつけましょう。母乳だと一回の量はとても少ないものです。できれば30～100ccを目安に、母乳不足を補う場合は30～60ccくらいで少量を何度も、という母乳のパターンに近づけられるといいでしょう。そして、しっかりと抱きながら与えることができれば、ミルクタイムがスキンシップも兼ねることになります。粉ミルクをあげながらおっぱいをさわらせてあげていたお母さんもいます。

もう一度書いておきますが、粉ミルクを与えることは決してうしろめたいことでも、母乳に劣ることでもありません。どうしても母乳が出ない人は2万人に一人と聞いたことがありますが、抗うつ剤や抗腫瘍剤《こうしゅようざい》といった投薬によって与えられない人はもっと多いでしょう。小さく生まれた赤ちゃんの場合、粉ミルクを与えざるを得ない時期もあります。とくに入院を余儀なくされる場合などは搾乳した母乳をという願いが必ずしも通らないこともあるでしょう（あきらめなければ、のちに母乳を与えられたり、飲めたりするようになることもあります）。それに、粉ミルクで育てる方がホルモンの分泌による身体のしくみが働きにくい分だけ、お母さんはそれを補って相当がんばって育てているわけです。

私を支えた一言
赤ちゃんはおしゃべりできないけど、一生懸命「大好き」って伝えています。

ですから、やむを得ないケースでは、胸を張って粉ミルクの力を借りながらこころもからだもゆったりと授乳期の子育てを楽しんでいきましょう。

おっぱいのことは赤ちゃんに聞きながら

おっぱいは、赤ちゃんとお母さんとの協働作業です。どちらにとっても素敵なおっぱいライフを送れるように、二人で自分たち流のおっぱいをさぐっていくわけです。そのときに「赤ちゃんに聞きながら」ということが大切なのですが、実際に、赤ちゃんに聞きながらというのは、何をどう聞いて、どうすればいいのでしょうか。

産後は感性を大切に、頭をからっぽにして……と書きましたが、赤ちゃんに聞くときも、それが大切です。今まで私たちが物事を観察するというと、すぐ登場するのが数字で記録することです。赤ちゃんが何cc飲んだのか、何時に何時間おきに何回飲んだのか、何g増えたのか等々、ついつい数字で記録したくなってしまいます。何もわからずに不安だからこそ、ついそうしてしまうのです。とりわけ一人目のときにはそうなりがちです。

でも、おっぱいのよさというのは、そうした数字での管理がいらないということなのです。何cc飲もうと、何時に何回飲もうと、まったく覚えていなくてもおっぱい育児はできるのです。医療のお世話になる場合はそうした管理が必要ですが、そうでないときは、一切数字は忘れましょう。ただただ、赤ちゃんをいとおしんでかわいがるだけでいいのです。いっぱい抱きしめて、触れて、なでてみましょう。その上で、五感をフル稼働して、赤ちゃんの表情、機嫌、肌の色つやや触感、目の輝き、暖かさ、お腹の張り具合、うんちやおしっこの色や匂いなど、常にキャッチしていきます。

数字での管理に慣れている私たちは、赤ちゃんに聞きながら五感でとらえるといっても、なかなか難しいと感じてしまいます。誰でもはじめは不安です。でも、だんだん慣れてくるとそうした赤ちゃんとの暮らし方はとても心地よい楽チンさです。

そして、母乳育児のよさというのは、まさに、この五感をフル稼働しての子育てを学びやすいことだと思います。おっぱいのことは一人ひとり違うために、その子に合わせて取り組まざるを得ないのです。そして、子育てのスタートで、こうした、目の前の赤ちゃんに聞きながらという子育てを学べることは大きな収穫です。これが、その後の子育てでと

私を支えた一言

子どもって、もともとうるさくて汚いものでしょう?

ても役に立ちます。なぜなら、子どもというのは、一人として同じ子どもがいないからです。いつもいつも、目の前の子どもを見て取って、感じて、どう対応するかを決めていくしかないのです。正解は一つではないし、教科書を探しても見つかりません。それは小学生になっても、高校生になっても続きます。その代わり、絶対的な間違いもありません。そのとき失敗したと思っても、あとで取り返せたり、糧《かて》になることさえあります。

ですから、どうぞ今は目の前の赤ちゃんにたっぷり触れて抱きしめて、おっぱい育児を楽しんでください。そのことが、これから先の子育てをきっと助けてくれるはずです。

離乳食のスタートは？

スタート期の少し先のことも考えてみましょう。3か月くらいで、ようやくおっぱいタイムが順調になったと思っていると、果汁をあげましょうとか、味慣らしにとスープを与えるようにとか指導を受けてびっくりすることがあります。今でも、そのような旧態依然の保健指導がされているところがあるようです。しかし、母乳で育つ赤ちゃんにはそれらはまったく必要がありません。必要ないどころか、胃腸が未熟な赤ちゃんにむやみに果汁や母乳（もしくは粉ミルク）以外のものを与えるのは、今では百害あって一利なしと言われています。

ユニセフとＷＡＢＡ（世界母乳育児行動連盟）では乳幼児栄養のゴールドスタンダードとして「６か月間は母乳だけで育てることと、適切な補完食を食べさせながら２年かそれ以上母乳育児を続けること」を提唱、金のリボン運動を展開しています。そう、おっぱいだけで十分なのです。せいぜい、必要に応じて水を与えるくらいです。

つまり４～５か月になるとみなさんが気にし始める離乳食は、生後半年まではまったく忘れていても大丈夫なのです。そして半年たった頃には、きっと赤ちゃんも食べることに興味を示し始め、お母さんも自然に食べさせることを意識し始めるのではないでしょうか。

私を支えた一言　人間は適応できる。

離乳食も一人ひとり違っていい

では、実際に離乳食には、いつ、どのように取り組めばいいのでしょうか。具体的には、生後半年を過ぎた頃、歯も生えてきて、赤ちゃんが親の食べる様子に興味を持ってじーっとながめてよだれを垂《た》らしたり、手を出したりするようになった頃、体調のいいときを見計らって始めるのがいいでしょう。時期も、量も、進め方も、一人ひとり違っていいのです。「あ、食べたがっているな、そろそろ食べてみようか」とお母さんが自然に思えるときが一番です。赤ちゃんの様子を見ながら、一さじずつあげてみます。

赤ちゃんの様子……といったときに大切なのが便です。「便り」という言葉があるくらいで、うんちはお腹の様子を伝えてくれる大切な「たより」。いいうんちが出ている状態というのは、胃腸が元気だということですから、主にうんちを観察し、あとは、食べている様子、食べた後の変化などを見て取りながら、進めていきます。アレルギーの心配がある場合は、もっと欲しがっても、いきなり増やさない方がいいでしょうし、体調が悪いときは無理をしないほうがいいでしょう。そうしたこともすべて、赤ちゃんのうんちを見ながら進めていけば、だんだんにお母さんにもわかってくるはずです。

与えるものは、ふだんの食卓の中から取り分けて、柔らかく、もしくは細かく、薄味にしてあげればいいでしょう。調理の途中で取り分けておいたり、食卓から取り分けたりしながら、一緒に食卓を囲んで、楽しい雰囲気で食べることが一番だと思います。

離乳食というのは、特別な食事ではなく、母乳だけで育ってきた赤ちゃんが食べることを身につけていく過程です。食べることで大切なのは、おいしく楽しく食卓を囲むこと。計量してつくり、きれいに盛りつけてみても、「食べるかどうか」と緊張して見つめるお母さんを前に一人で食べさせられる食事は、きっと楽しくはないはず。

大切なのは、ふだんどういった食生活をしているかということです。離乳食のゴールは、自分でしっかり噛《か》んで栄養を摂取《せっしゅ》していけることと、おいしく楽しく食卓を囲めることだと思います。家々の食卓が違うように、離乳食のゴールも異なります。要は、その家のご飯がしっかり食べられるようになればいいわけです。

故山西みな子先生が指導されていたように、お母さんが食べるご飯をよく噛んで赤ちゃんに与える「噛み噛みご飯」で離乳を進める方法は、母子ともにストレスがありませんし、その方法で元気なお子さんを育てている人はたくさんいます。噛んで与えるというのは、

私を支えた一言
赤ちゃんってママの期待に応えようとがんばっているんだよ（ママが必要以上に心配すると、それにも応えなくちゃって思うらしい。湿疹が出たらどうしよう？とか心配しすぎると湿疹を出すこともある）

柔らかくし、細かくし、薄味にするというすべて満たすだけでなく、消化の第一段階を終えることになります。たとえば噛んだご飯はでんぷんが分解され、とても甘くなっています。ただ、「虫歯の原因になる」として、口移しを禁止している保健指導も多いので配慮も必要です。しかし、母乳育児に理解ある歯科医師のなかには、ご自身も噛み噛みご飯で育て、「虫歯の原因はそれだけではない」とおっしゃっている先生もいますから、噛み噛みご飯でも、お粥《かゆ》でも、赤ちゃんとお母さんにとっていいと思える方法で進めていくことです。

もちろん、ふだんの食卓から分け与えていても、赤ちゃんによって、また時期によって、食べるものと食べないものがあります。赤ちゃんは自分が必要なものを知っていると言います。「偏食」という心配はしばらく頭の中から取り払って、赤ちゃんが喜んで食べるものを食べる分だけ与えることを基本にします。

ただし、ふだんの食卓を基本にした上でと言うことであって、喜んで食べるからと言って甘いお菓子や果物ばかり与えるということはありえません。やはり、味の濃いもの、とりわけ白砂糖の甘さには習慣性がありますので、なるべく与えずにすめばと思います。

3歳を過ぎてくる頃には、外でのおつきあいも増え、それに伴っての食のおつきあいの問題も出てくるようになります。

でも、家での食事を大切にして、ここまで基本の味をおぼえていれば、たまのおつきあいは「ハレの日」(=お祭りや特別な日)としておつきあいしても、こころもからだも対応できるようになっていることが多いと思います。もちろん、理解を求め、まわりにも食に関心を持ってもらうことは大切ですし、それに越したことはありません。

アレルギーの心配がある子どもの場合も、胃腸を丈夫に育てることを大切にしながらいると、3歳を過ぎた頃には、いつの間にか症状が好転することが多いようです。それは、この頃にようやく胃腸が完成されてくるからだと言います。アナフィラキシー(アレルギーの強いもので、ときに死亡することもある)などの発作的な症状を起こす場合は、原因物質を特定しておく必要がありますが、そうでない場合は、原因を特定するための犯人捜《さが》しにお母さんが疲弊《ひへい》してしまうより、ひとまず3歳を目標に、自然な子育てを心がけて、胃腸を丈夫に育てることを大切にしてみましょう。

そのためには、母乳で育てること、食べ過ぎるよりは少食でよく噛《か》んで食べること、お腹をあったかくして過ごすことなどを心がけます。そして何よりも、赤ちゃんの元気のためには、お母さんが元気でストレスなくいることです。これは一見遠回りのようでも、実

私を支えた一言
赤ちゃんが欲しがっているのは、乳汁の量ではなくて、お母さん自身。

は一番近道なのではないか……たくさんのお母さんと赤ちゃんを見ているうちに、そう思うようになりました。

離乳の完了と卒乳

離乳という文字で表されてはいますが、離乳食を進めながら、まったく今まで通りに母乳をあげてかまいません。まだまだ乳児のうちですから、間隔や順番、量に制限を加える必要などまったくありません。母乳は飲ませている限り出続けますし、栄養成分も変わってはいきますが、なくなるということはありません。母乳中心でいながら、食べることを体験し学習していくのが離乳食で、補完食という呼び方もあるくらいです。

また、歯も生《は》えそろわないうちに離乳の完了をめざす必要はありません。数か月遅いからといって不安になるよりは、しっかり噛めるように、しっかり消化していいうんちが出るように配慮して進めることの方が、先々の健康を考えるとき、どんなにか大切かと思います。

また、卒乳については、しっかり食べられるようになった1〜5歳くらいの間で、母子とも納得してやめられるときを選べばいいでしょう。もちろん、5歳過ぎてもかまいませんし、事情によっては1歳にならないうちにやめる場合もあります。

お母さんの事情でやめる場合も、きちんと赤ちゃんに話し聞かせて（もちろん、泣いて欲しがることはありますが）それなりに納得してやめられるようにできるといいなと思います。いったんやめるとなると、赤ちゃんの潔《いさぎよ》さにお母さんの方が涙してしまうこともあります。いずれにしても、生まれたそのときから二人で過ごしてきたおっぱいライフの幕切れです、いい形で終えられるといいですね。

一日に何度も飲んでいた状態から断乳すると、おっぱいが張ってしまってつらい思いをします。そんなときは、トラブル時の手当てを思い出して助けてもらいます。子どものほうも卒乳と同時にこころとからだのバランスを崩したりする子もいますので、いつもより少しだけ気持ちを傾けて子どもに接してあげるといいと思います。

卒乳は成長の一つの節目です。顔つきもどことなく大人びて見えて、誇らしげです。お母さんも、これまでのおっぱいライフを振り返って、感慨ひとしおでしょう。

私を支えた一言　安産じゃなかったけど、いいお産だったね。

日本には「お食い初《ぞ》め」という、生後１００日の赤ちゃんにはじめて食べものを与える儀式があります。その昔は、一生食べものに困らないようにという願いをこめて行われていたそうです。食べることを大切にしていくという思いを受け継ぎ、こうした節目を祝っていくことも大切にしながら、ゆったり、じっくり、目の前の赤ちゃんにあわせて、食べることを楽しめるようになるといいですね。

病気の診断はせずに赤ちゃんに寄り添って

生後半年というのは、赤ちゃんの成長を見ていくときにいろいろな意味で節目にあたりますが、母胎から受け継いだ免疫が切れるのもこの頃と言われています。実際、ちょうどこの頃から熱を出したりし始めるものです。

ここで、お母さんに覚えていて欲しいのは、自然流の小児科医、真弓定夫先生がいつもおっしゃっている「お母さんは病気を診断しない」ということです。

五感を使って赤ちゃんの様子を観察し、いつもと違うな、と感じたら、自然なもので、「気持ちいい」手当を。
ちょっとした熱ならキャベツで冷やす。
熱めのお湯にくるぶしまで入れる。冷めないように差し湯を。

コンニャクをゆでてタオルで包み、温湿布に。

熱が出た、下痢をした、赤ちゃんの体調の変化についつい不安になって、何の病気だろう、と思うのは当然ですが、大切なのは診断名ではなく、その症状や赤ちゃんの様子を観察して、適切な対応をすることなのです。お母さんが「風邪だわ」と言ったとたんに、赤ちゃんにそれが伝わるのだそうです。診断は医師にまかせ、お母さんはできる対応をしてあげればいいのです。

対応のしかたには、昔ながらの食べものなどを使った手当てや代替《だいたい》療法と言われるものもありますが、手当ての基本は、まさしく手をあてて気持ちを赤ちゃんに向けてあげることです。まずはお母さんがふーっと息を吐いて、落ち着くことです。お母さんが手当てを

私を支えた一言　赤ちゃんは生まれたがっている。

しながらだんだん落ち着いていくと、赤ちゃんの症状も不思議と落ち着いてくることがよくあるものです。手当てのよさは、そんなところにもあります。赤ちゃんのために何かできるということで、お母さんも落ち着けるのです。

熱が出たとなったら、その前からの赤ちゃんの様子を振り返り、熱の高さや機嫌、手足の温かさ、顔色、動きなどから、医者へ急ぐべきか、まずは様子を見るべきか、考えます。大きな症状になったときや熱があるのに青ざめているとき、ぐったりとしているときなどは、医者に診てもらう必要があります。

熱の際に便秘をしていたら、便を出すことが先です。手足が冷えていたら、足湯をして温めてから様子を見ましょう。保温に気をつけて移動することもできるかもしれません。熱があっても元気だったら、気をつけて見ているだけでいいかもしれません。

また、大きく体調を崩し始めるときには、いつもと違うようなこと、病気まではいかないけれど、ちょっと気になるようなことに気がつくことが多いものです。目やにが出たり、よだれの匂いが変わったり、うんちがゆるめだったり、皮膚がざらついていたり、ぐずり気味だったり。また、おっぱいで育てていると、眠いときにも熱く感じるため、気がつきにくい赤ちゃんの発熱に、乳首を口に含ませたときに気がつくこともあります。これらは、毎日接している家族にしかわからないような些細《ささい》なことです。でも、どれも赤ちゃんの体の大切なサインです。最初は見落としがちですが、だんだん感じ取れるようになっていくものです。そうなると、赤ちゃんとの暮らしがますます楽しくなってくるのです。

基本的に、表に出てくる症状は消し去るべき敵なのではなく、すべてが赤ちゃんの身体の働きです。赤ちゃんの持つ自然治癒力が働いている証拠だということを忘れないでください。菌やウィルスを体外へ出してしまおうと鼻水が出て、くしゃみが出ます。下痢もします。菌やウィルスに対抗するために熱が出ます。そうした体の働きを見守りながら、少しでも心地よく過ごせるよう、手助けしてあげるのが手当てです。出ているものは心配ないと真弓先生もおっしゃっています。

その上で、どう対応してあげたらいいかを自然育児の先輩たちから学んでいけばいいのです。何か気になることがあったら、大きな症状になる前に対応してあげるのがコツ。たとえば、下半身が冷えていたら足湯をする、お腹が冷たかったらコンニャク湿布で温める、鼻づまりにはアロマオイルを枕元に垂らす、など、家でできる手当てをします。

おっぱいをあげているお母さんの食事に注意したり、お母さんが梅醤番茶《うめしようばんちゃ》（梅干しをつぶして醤油と生姜《しようが》の絞《しぼ》り汁少々、そして番茶を注ぐ）を飲んでおっぱいをあげることで赤

私を支えた一言　病気をするたびに赤ちゃんは元気になっていく。

ちゃんの手当てをしたりすることもできます。そして、早寝などの基本的なことを心がけているうちに、また元気になっていけばしめたものです。

丈夫な体をはぐくむために

こうして、赤ちゃんは、熱を出すたび、病気をするたびに、抵抗力が増して丈夫になっていきます。今、子どもの低体温が問題になっていますが、低体温の場合は病気に対する抵抗力も弱くなり、軽く済むはずの病気でも重症になったりするそうです。体を丈夫に育てるコツは、低体温の子どもへの対応にも通じます。繰り返しになりますが、病気になったら、それを見守り手助けしながら、体育ての機会をもらったと思って、その過程を大切にしていきましょう。

予防接種も、そうしたふだんの生活の中での病気予防を見すえた上で、その家庭やその子どもの生活の状況に応じて検討していけたらいいのではないかと思います。

整体指導をされている奥谷まゆみさんは、赤ちゃんに気持ちを集めることの大切さを伝えています。誰もが持っている自己保存の本能……とりわけ、この時期は、自分だけではまだ生きていけないだけに、お母さんなど周囲の人の気持ちが自分に集中して欲しいという強い欲求を持っています。それに応えながら育てていくことが体育ての大切なポイントとおっしゃっています。そう、こころとからだは一体なのです。妊娠中から赤ちゃんに気持ちを集めて育んでいくと、1歳、2歳、3歳と年を追うごとにからだが育ってきます。5歳になる頃を一つの目安にして、体育てをしていきましょう。

遊ぶことで育っていく子どもたち

江戸の昔、路地は子どもたちの遊びであふれていたと最近読んだ本で知りました。今では、交通事故や犯罪から守るために、路地遊びはおろか、公園での遊びさえ見守りが必要になっています。

私を支えた一言　子どもがはじめてしゃべった言葉が「おっぱい」だった。

でも、いつの時代も、遊ぶことで子どもが育つことに変わりはありません。からだや五感を駆使して夢中になって遊ぶことで、身のこなしも、手指の巧緻《こうち》さも、足腰のたくましさも、コミュニケーションも、ルールも、人間関係や感情の揺れも体験し身につけていくのです。遊びだから、いやになったらやめられます。だから、夢中で楽しむ間が遊びなのです。そこが、教室やスポーツクラブとの違う点です。

生まれたばかりの赤ちゃんは、自分の手足を見つけて口に持っていくことから始めます。誰にも教わらなくても、どんどんその能力を高めていきます。その足を一緒に動かしながら、おむつかえのたびに「気持ちいいねぇ」と語りかけます。手を持ってやりながら「チョチ、チョチ、アワワ」とわらべうたで遊ぶこともできます。「いないないばぁ」も大好きです。

できればCDの音でなく、下手でも家族が歌ってあげて遊べる楽しさを伝えてあげたいものだと思います。こうして、歌や言葉と手足の動きが呼応していくことで、感覚や言葉やリズム感を自然に養っていくことができるわけですし、親子の触れあいにもなります。

1歳になり、しっかり座って、手まねができるようになると、向かい合って手遊びができるようになります。くすぐり遊びも大好きです。大人の隣で、同じようにまねっこをする遊びもします。

2歳3歳と動きが自由になると、立って歩いて動いての集団遊びのまねごとに仲間入りできます。もちろん、大人と一対一で向き合う遊びも大好きですし、大人のやっていることをまねて、おままごとやお人形遊びも夢中になります。

4歳になると、体の動きも歌うこともうまくなり、集団遊びができるようになります。一方で、絵本やお絵かきに一人熱中するのもこの頃からが多いでしょう。手指の動きが細やかになり、折り紙やあやとりもできるようになります。

そして5歳には、鬼ごっこ的なルールも理解できるようになり、集団で大きく遊ぶことの楽しみが増してきます。ほとんどのわらべうた遊びや伝承遊びに挑戦できるようになります。コマ回しやけん玉など、技術を磨《みが》いていくことの喜びも大きくなり、手指や身のこなしがめざましく発達する頃です。

私を支えた一言
子育てはいくらでも挽回できる。

わらべうたなどの伝承遊びを見直して

わらべうたには、生まれたばかりの赤ちゃんと向かい合って歌うものから、腰のすわった半年頃からというもの、歩き始めた1歳くらいからというのも、もっと大きな動きができるようになり歌えるようになってから遊ぶものなど、その年齢や発達段階に応じてのきめ細やかな配慮が、営々と伝えられてきたその伝承の中に息づいています。そして、昔はそうだったように、異年齢の集団でもその子その子に合わせて遊べるといったような大らかさがこうした遊びの中にはあるように思います。また、大人と赤ちゃん、そして子どもが、自然に触れあい、語り合う術《すべ》がこめられてもいるのです。

こうした昔ながらの子育てのコツや知恵は、今流行のベビーサインや早期教育のような教室があるわけではありませんし、残念なことに親から伝えられることも少なくなってしまいました。それでも最近は、母から母へと地域の中で伝えていこうとする集いも開かれています。機会があれば、わらべうたや、また、少し大きくなったらコマ回しやけん玉、お手玉、折り紙、あやとり、まりつき、なわとびなどの伝承遊びにも親しむ機会がもてるといいかと思います。

わらべうたに触れてほっとするのは、私たちのどこかに受け継いだ何かがあるからなのでしょう。わらべうたの調べを聞いていると、赤ちゃんも、そしてお母さんも、いつの間にか穏《おだ》やかな表情になっていきます。そんな雰囲気をぜひ子育てに取り入れて欲しいものだと思います。

おもちゃ、絵本、そして自然体験も

こうした遊びのかたわらにあるのが、おもちゃです。できれば、素材そのままのおもちゃ（木、砂、土、水など）や自然素材のおもちゃ（布、羊毛など）を大切にしたいものです。自然な子育てを志向するお母さんたちの中には、シュタイナーの幼児教育を子育てに取り入れている人も多いですが、その色合いや自然な素材を使ったおもちゃや人形には、国や宗教を超えて心安らぐものが多いのは、きっと自然な素材を大切にしているからでも

私を支えた一言 出産はゴールではなく、スタート！

あるのでしょう。

逆に、どうしても避《さ》けておきたいのは、環境ホルモンを含有《がんゆう》する素材でしょうか。それ以外にも、キャラクターものやゲーム機、カードゲームなど、年齢と共に避《さ》けて通れないおもちゃのたぐいに直面することも出てくると思います。何より生後すぐから遭遇《そうぐう》しかねないテレビの存在は大きいかもしれません。光を発し、絶え間なく音を発するテレビは、幼い子どもたちにとって強烈な刺激となります。せめて2~3歳までは極力避けましょう。こうした好ましくはないながら、避けて通りがたいものとのおつきあいは、食事と同じで、基本は何なのかを大切にして、ハレの日おつきあいはよしとする、といった柔軟な対応も必要かもしれません。

さらに、絵本に親しむ時間というのも、とても大切にしたい時間です。赤ちゃんの頃から、じーっと食い入るように見つめて、聞き入ってくれますし、お気に入りの絵本を、何度も何度もリクエストしては、楽しむ子が多いのです。言葉や心をはぐくむという意味でも、親子の触れあいの時間という意味でも、ぜひ絵本を一緒に読んであげる時間を取り入れてみましょう。

こんなふうにして、さまざまな遊びの中で子どもたちがこころとからだをはぐくんでいく環境づくりができるといいなと思います。

最後になりましたが、外遊びは外気の中で過ごすという意味でも、広い空間で過ごす時間をつくる意味でも、とても大切です。外気にさらされることでからだ育てにもつながりますし、街の中で暮らしている場合は、意識して自然の中での体験も取り入れていきたいですね。

とくに3歳を過ぎてからだを使えるようになった子どもには、ぜひ海や川、山や野原などを体験させたいものです。自然の中では、子どもたちはいつの間にか異年齢でも群れて夢中で遊び始めるのを見るにつけ、子どもたちにとっての自然との出会いの大切さを感じます。集団遊びが大好きな4〜5歳くらいの子どもたちと一緒に、自然の中でダイナミックに遊べる機会をつくってあげたいと思います。

また、自然の中だからこそ持てる親子の触れ合いの時間もあります。家族でのアウトドア体験も大きくなればなるほど、意味が深いように思います。今では、グリーンツーリズムなどの田舎体験も多いですし、親子で低山に登ったり、自然体験をするサークルもたくさんあります。家族だけではむずかしくても、仲間と一緒にぜひ体験してみましょう。

私を支えた一言　帝王切開でもいいお産ができるよ。

まだ見ぬ子どもの時代を思いながら……

赤ちゃんと暮らしていると、母乳のこと、そして母乳をつくる食事のこと、その元になる食物のこと……というように、無関心ではいられないことが増えてきます。すこやかに育ってほしいという願いから、身につける衣服、石けん洗剤のこと、おもちゃに使われる素材から、この子たちと一緒に遊んだり暮らしたりしている環境へと関心の輪はどんどん広がっていきます。自然環境のこと、教育や社会のおかれている状況なども気になってきます。

ネイティブアメリカン（アメリカの先住民）の人々は大切なことを決めるとき、、7世代先の子孫のことを考えながら決めたと言います。小児科医の真弓定夫先生は、「孫の世代を考えながら、目の前の子どもを育てましょう」と常々おっしゃっています。

子どもをはぐくむということは未来をはぐくむことです。この子たちが成長して大人として生きていく未来に、どんな社会であってほしいと願うのか、どんな地球であって欲しいと願うのか。目の前の赤ちゃんの育ちをできるだけ自然な働きにそって見守っていこうと願うことは、一番身近な自然である身体から自然を守っていく営みなのです。赤ちゃんとの絆《きずな》を温かく育んでいくことは、平和をつくっていく営みの一歩なのです。

どうか赤ちゃんと始める日々が、あなたの生きていく日々を豊かに温かにしてくれますように。

「おっぱいの大切さ」を理解して

朝倉きみ子（保健師・よこはま母乳110番顧問）

1、おっぱいが大切な本当の意味

国立岡山病院名誉院長であった故山内逸郎先生の書かれた「母乳についての22の手紙」の中に、「なぜ母乳育児が大切で、母乳育児でないとだめなのか」が記されています。

母乳は赤ちゃんの発育にとって最も適した栄養ですが、それとともに強力な感染防止効果をもっており病気から守ってくれるという意味でもかけがえのない栄養だと理解されています。しかし、母乳保育のもっとも大きな意味は、物質としての母乳の特徴もさることながら、それよりも

私を支えた一言　あなたと赤ちゃんを「大きな力」が守っているよ。

「授乳――母から子への直接の授乳――」という行動にあるということが、最近、一層はっきりわかってきました。

これまでは、人工乳（ミルク）や牛乳に比べると人乳だから良いというような比較による表現が用いられることが多いようです。比較するとよいという発想で人乳をすすめているのではないのです。ヒトの子はヒトの乳でなくてはならないのです。ヒトの乳なら他人の乳でもいいのかというとそうではありません。生みの親、母親の乳でなくてはならないのです。母親の胸から直接飲ませてもらわなくてはなりません。母親が直接飲ませる母乳、母親から直接吸う母乳であってはじめて母乳の意味があるのです。これこそ最も強く強調されなくてはならない点です。

このことはどういうことかと言いますと、「直接吸わせることによって、子を産んだ女性が母になれる」からです。直接吸わせるとことではじめて母性愛がわいてくるのです。飲むことが刺激になって脳下垂体からプロラクチンという母乳を分泌させるホルモンが出てきます。このプロラクチンは母乳を出すだけでなく、「母性愛がいっぱい」というような母親にしてくれるホルモンいわば母性愛ホルモン（母性ホルモン）とでもいえるホルモンなのです。このホルモンの心理面の効果は、母親を「赤ちゃんがかわいくて、かわいくてしようがないような、そんな心理状態にさせる」点です。

育児は四六時中ですから大変な重労働です。しかしありがたいことに、このプロラクチンはそういう厄介なことを忘れさせてしまう。まるで精神安定剤のような心理作用を持っているのです。子育てという大変な仕事の担当者である母親にとってみれば、またとない特効薬ということになります。しかも直接飲ませていれば自動的に出てくるのですから自然の仕組みの巧妙さに敬服してしまいます。別な表現で言えば「哺乳類は次の世代を確保するためにこんなすばらしい能力を獲得していた」ということができるということです。今の世だからこそこの点は強調したいところです。

２、「おっぱい育児」をしていてよいこと・うれしいこと

母乳育児をしてよかったこと、うれしかったことは何ですかと尋ねてわかったことです。アンケートの中からお母さんの言葉を拾ってみました。

（１）母になった実感が持てる……いつも自信が無いけどおっぱいがあれば旦那にも、じいじ、ばあば、にも負けない）

（２）子どもにとって自分（母親）が必要とされているという原点を感じた……小さい頃の体の栄養、大きくなってからの心のよりどころとしても。

（３）母乳をあげれば母子ともに落ち着く……子どもも母親も精神的に安定している。

（４）母親が抱っこする時間がたくさんとれる……はじめてしゃべった言葉が「おっぱい」だっ

私を支えた一言　赤ちゃんはちゃんとあなたの願いを聞いてくれる。

た。抱っこの機会に恵まれたことで「ママのお膝《ひざ》大好き」が定着し「絵本の読み聞かせ」へとスムーズにつながった。目と目の会話ができる。幸せそうなしぐさを目線で合図しながらごくごく飲んでいる。くっついているのが温かくて気持ちがいい。

（5）生活を見直すことができ、価値観も変化、人とのつながりも深く広がりが出てきた……食生活を改善し自分の体も活性化され冷えがなくなった。食事に気をつけるようになり家族が健康でいられた。「がんばった」という誇りを得た。おっぱいを通じて自分自身が生物・哺乳類の感覚が体験できた。女に生まれてよかったことを味わい、自分の世界の色が増えた。自分はこのために生きていたのだと思った。

（6）「成長している姿」に、「わが子の力になれているのだな」と感動する……病気にほとんどかからず丈夫な子に育っている。大きく泣き喚《わめ》くことが少なくよく寝、良く笑う子に育ってくれた。体が熱い、冷たい、汗をかいているなどすぐ感じとれる。真夜中の発熱に気づいたり、舌で熱がチェックできる。子どもの具合が悪くてもとりあえずおっぱいをあげられるので安心だし、病気の時や高熱で食欲がないときでもおっぱいだけは飲んでくれるので安心。

（7）子どもが欲しがったときに、いつでもどこでもあげることができる……栄養や食事の量を考えなくても良いので楽。外出や旅行の時など荷物が少なくて済む。夜は添え乳で済むので楽。

第4章 悲しいけれど、知ってほしいこと

お産が自然な営みである限り、死もありうるし、子どもが障害やトラブルを持って生まれてくることもあります。自然出産で有名な愛知県岡崎市の吉村医院の吉村正先生は、お産塾（産前教室）にやってくる妊婦さんに、「お産では死ぬこともある」と話されるそうです。自然なお産を望むとき、どこかでそういう覚悟をしておくことは大事なことです。

悲しいことですが、流産や誕生死についても知っておいて欲しいと思います。

死を知ることは生を知ること

誕生死……なんという悲しい言葉でしょう。流産・死産・そして生後まもなくの死……。母親が子どもを宿し、産み、育てる……地球の命の起源から永遠に続いてきた連鎖《れんさ》。その当たり前のダイナミズムの中に、しかし「子の死」というものはひそやかに、確実に存在します。しかもそれは他の誰でもない、「私の」子。この存在が消える、エコーで映像が見えなくなる、心音が聞こえなくなる、産声をあげないまま生まれる、目の前で冷たくなる……。それは誰にでも起こりうるものです。命は「自然」そのもの、野蛮《やばん》で美しくきまぐれな野生の動物のようです。

私たち母親にとって、子どもがたとえどんなに小さくまだ見ぬ存在だったとしても、「子を失う」ということは自分の一部が引き裂《さ》かれ、ともに自分の中の何かが死ぬということです。あなたの伴侶《はんりょ》、子どもの父親ももちろん同様に苦しみます。それは言葉にできないほどの苦しみかもしれません。しかし女性は、生命を生み出す機能を持っているからこそ自分の命の証《あかし》である子を失ったとき「自分の肉体の一部が削《そ》がれたかのように」思い

私を支えた一言
今が一番大変ね。(下手ななぐさめよりもなぐさめられました)

ます。子宮とともにこころが血をどくどく流します。「元気に産んであげられなかった」後悔《こうかい》や自己嫌悪の念でいっぱいです。自分自身を一生許せない、と本気で思います。

流産や死産を経験している女性の多くは、これまで口を閉ざしてきました。「子の死」は闇《やみ》から闇に葬《ほうむ》られる種類のものでした。「死んだ子の年を数えるな」という教訓があります。「今いる子どもや家族のためにも前向きに生きろ」という励ましの意味なのでしょうが、子の死を実際に経験した母親には、その子のことを思い出さないことは生きている限り不可能です。

誕生死（流産・死産）を語ることは、大変意味のあることです。不幸の経験のある方は、もしよければ、今一度、心の奥を見つめてみましょう。人に大きい声で語らなくても、自分がわが子の死をどう捉え、どう向き合ってきたか、それを思い直すことはとても意味のあることです。あなたは苦しんだ。今も苦しい。でもあなたの苦しみはあなたをこんなにも成長させせた。苦しみや悲しみ、後悔ほど人を強く優しい人にさせるものはないのです。がんばって生きてきた自分を誉《ほ》めてあげてください。

誰かに胸のうちを思い切り打ち明けたい、そんなとき、家族以外にも、あなたと同じ経験をした仲間が助けになるでしょう。今、少しずつではありますがそのような輪が世の中に増えています。一人で苦しまないで、癒《いや》される必要があるときは癒されましょう。あなたのたった一つのつらいつらい経験は、意外に身近に同じ経験をした人がいるものです。仲間に会うことで、自分の経験が客観視され、楽になるかもしれません。

死と生は「命」の表裏です。死を知ることは、「生きる」ことを身を持って知ることです。子の死を経験した女性は、だからこそ内側から真に輝いて「自分の命」をまっとうすることができると思います。命を生み出すことのできる女性だからこそ、死をも包括した生をまるごと受け入れられるのでしょう。

子の死を経験した全ての女性が、太陽のように明るく輝いて生きることを願います。そしてその明るさが、あなたのまわりで同じく傷ついている夫や家族をも照らし、みなが癒されることを祈ります。

「わが子の死」。どんなに小さくても、何人目でも、子をなくした悲しみは耐えがたいものです。でもこの悲しくつらい出来事を通して、生が死と隣り合っていることを知りました。今ある自分の命、家族の命、それは何か大きな力によって生かされているのだと感じます。次の三人の体験談から、みなさんは何を感じとってくださるでしょうか。同じような経験をされた方の行き場のない思い、やり場のない悲しみが少しでも癒されますように。

私を支えた一言　頭をからっぽにして赤ちゃんを見て！

赤ちゃんの死を経験して

12月に出産しましたが、死産でした。2100グラムの男の子で昇太と名づけました（まっすぐに空に昇って、その魂が輝くように）。

引っ越してすぐにひどくなったつわりがようやくおさまった五か月頃、たまたま受診した病院で赤ちゃんが病気だと告げられました。染色体異常で、妊娠の継続はむずかしいかもしれないし、生まれても余命は短いでしょうとのことでした。あまりのショックに呆然《ぼうぜん》としましたが、胎動を感じ始め、元気で動く赤ちゃんを健康じゃないなら家にはいらない、とはどうしても思えませんでした。夫と相談して、この子の命が続くところまで見守ろうと決めました。

それからは不安と悲しみで、大きくなるお腹とともにつらい気持ちも大きくなりましたが、9か月間は家族でいられたし、この子のお陰で当たり前だと思っていた毎日のありがたさに気がつくことができました。何事もなく朝がきて目覚めること、家族と食べるご飯、きれいな夕焼けに娘と見とれること、そんな毎日がどれだけ幸せかをしみじみ感じさせてくれました。

この数か月、今思えば不思議なこともたくさんあり、人が生きているのにはなにか大きな力が働いているのだと思わざるを得ません。引っ越して間もないこの地で、信頼できる助産婦さんに会えてお産もお願いできたこと、メディカル・ソーシャルワーカーの先生に話を聞いてもらえたこと、私の希望を聞いて一緒に考えてくれる病院の先生がいてくれたこと、予定日までもたせようとするかのごとく遠方からの来客が続いたこと。

そんな不思議さの連続で、早期破水の可能性が大きいといわれていた赤ちゃんは、少しずつ大きくなり、元気に育っていきました。ほんの少しの奇跡を信じたかったのですが、予定日を過ぎたところまでがんばって、小さな命はお腹の中で最期を迎えました。助産婦さんと夫が休みの日、明日は人工的に陣痛を起こして陣痛促進剤を使って出しましょうという明け方、不思議に陣痛がついて自分で出てきてくれました（人工的なことが苦手な母を気遣ってくれたのでしょう。親孝行です）。

私を支えた一言　もっと自由にやっていいのに。

助産婦さんに見守られて、悲しいけれど温かなお産でした。家族で抱っこしてあげられ、翌日の退院まで娘と三人で一緒に過ごすこともできました。娘は赤ちゃんに話し掛けたりだっこしたりして、いいお姉ちゃんでしたし、悲しいけれど穏やかでやさしい夜でした。

あれから一か月が過ぎ、身体は元に戻りつつあります。心は、時折大きい喪失感《そうしつかん》に襲《おそ》われますが、元気で暮らしています。心配だった娘もなんとか大丈夫なようです。

（鹿児島県・二之宮つもるさん）

※

「終わりましたよ」

優しげに告げる看護婦さん。終わった。小さい赤ちゃんと私のつながりも断たれてしまった……人目も構わず泣きじゃくったのは何年ぶりだったろう。掻爬《そうは》の手術を受けたのは、妊娠8週目。数日前の超音波検査で胎児の死亡が確認されたためだった。自然に排出されるまで待ってもらえず、半ば諦《あきら》めの気持ちで受けた手術だった。

子どもは一人でいい。そんなふうに思っていたが、実際妊娠がわかると、自分の中に小さな命への愛《いと》おしさが芽生えた。授かったからには大切に育てよう。長女の生後4か月で出会った自然育児友の会。その知恵を生かして楽しく子育てしていこう。そんな未来への期待で胸がはちきれんばかりの妊娠期間だった。

妊娠5週目ごろ、切迫流産になったが、なんとか持ちこたえた。

術後、骨盤が戻るまでの間は目も頭も使わずに、できるだけ横になっていなさいという整体の先生の勧《すす》めに従い、カーテンを閉めた薄暗い部屋でひたすら身体を休める日々が続いた。実際日光がまぶしく、テレビを見るなんてもってのほかで、活字中毒の私が何も読む気にならないほど目が使えなかった。できることといえば、ぼーっとしたり、音楽を聴くぐらい。つい「たった8週間でこの世を去るなんて、この子はなんのために生を受けたんだろう」と落ち込んだり、ただただ悲しくて涙が止まらなかったり……。美しい音楽、きれいな花、さわやかな風、きらめく太陽……お腹の子は亡くなっても、この世はかわらずに素晴らしい、そのことがまた悲しくて涙。

花といえば、八つ当たり気味に「花でも買って慰めるぐらいのこと、してよ！」と夫に言った翌日、私の大好きなカサブランカを買ってきてくれたのだ。ふと「せっかく大好きな花だったのに、今後カサブランカを見るたびに、悲しい流産のことを思い出しちゃう」と思ってしまった。そこでまた夫をなじると「なんでもいうこと聞いてくれる、優しい夫のことを思い出せばいいじゃん」。思わず吹き出した。今はカサブランカを見るとおもしろい夫のことを思い出す。

流産し、多くの人と同じように掻爬《そうは》の手術を受けたことで、私と同じ目にあった人たちの気持ちが多少はわかるようになった。この世の美しさに改めて気づくことができた。フルートの音色がなにより身体に心地よく響くことがわかった。夫の優しさも再認識できた。流産後は生理の血

私を支えた一言　あんなにがんばって生んだんだからできるはずよ。

もとてもキレイになった。きっと子宮の悪いものを全部持っていってくれたんだろう。なんて素晴らしい子！　ほんの短い期間でも、私のお腹に宿ってくれてありがとう。素晴らしく貴重な体験をさせてくれてありがとう。

流産ほど私に大きな気づきをもたらした体験は他にない。すべてのめぐり合わせに感謝。

（東京都・匿名希望）

※

4月、私は15年ぶりに40歳で出産しました。予定日より一日早く、破水から始まったお産でした。夜中、車で病院まで行き、夫立会いのもと、3080グラムの元気な男の子を出産しました。初めての子どもに夫は大喜び、私より先に息子を抱きました。3080グラムの息子の重みがこの子の全て。夫が大切な宝物を抱いている姿に感動しました。

年が明け、翌3月に私は4人目を妊娠しました。息子の一歳誕生日前でした。正直、不安と喜びが入り混じっていましたが、夫は大喜び。年子だけどがんばって育てようということになりました。

妊娠を知り、今回は助産院で出産したいという気持ちが強くなり、自宅の近所にできたばかりの助産院を訪れました。普通の自宅を改装した温かい雰囲気の助産院でした。日当たりの良いお部屋に案内していただき、期待に胸を膨《ふく》らませながらお産の日を楽しみにしていました。

出産までの定期検診はほかの病院で行うことになり、数日後、病院に行きましたが、なかなか胎嚢《たいのう》が写りませんでした。一週間後、胎嚢はうっすら見えても、聞こえてきていい心音が聞こえてきません。不安になり、一瞬でも産むのを迷った私がいけなかったのか……お腹の赤ちゃんは私の気持ちを聞いて成長するのを止めてしまったのか……と思い、毎日が不安でたまりませんでした。

ある晩出血が始まり、急いで病院に行きましたが、先生はもうだめと思ったのか、入院は勧《すす》めませんでした。息子のときも切迫流産で多量の出血をしましたが、すぐに処置していただき、一週間の入院生活をしましたが、元気良くお腹の赤ちゃんと退院できたのです。でも今回は心音も聞こえてこないのでだめということだったのでしょうか、自宅での安静を言い渡されました。そのとき「あぁ、もうだめなのかな。次回出血したら赤ちゃんは……」と悟りました。

次の日は家で安静にし、息子は同居の義親と一緒に遊んでいました。夫が仕事に行き、しばらくしてから腰が重くなり、陣痛初期のような痛みを感じ始めました。「あぁ、もうだめ」と一人、布団の中でそのときを待ちました。お腹が痛くなったのでトイレに行ったらスッと体が楽になり、お産の後のようでした。そうです、流産してしまったのです。それも大切な赤ちゃんをトイレに落としてしまいました。ショックでした。急いで赤ちゃんを拾い上げました。そのときの気持ちは言葉では言い表せません。出血は止まらず、ナイト用のナプキンを当てて急いで身支度をして、

私を支えた一言
赤ちゃんができてキレイになったね。

タクシーを呼びました。そして荷物を持って病院へ向かいました。

「不全流産」といわれたのが内診後でした。そういう流産があるのか……と思い、個室で休んでいました。午後から処置が決まり、不安の中、麻酔を打たれていつの間にか眠りにつきました。

夫や赤ちゃんに申し訳ない気持ちと悲しい気持ちが一度に押し寄せ、涙が止まりませんでした。夫も泣いていたように見えました。夕方、車で家に帰ると義理の両親と遊んでいた息子が出迎えてくれました。息子も幼いながらも母親に降り掛かった出来事を察してか、悲しい顔をしていました。息子を抱きしめ、「ごめんね」と声を掛けるのが精一杯でした。

一週間は安静と言われたため、家でゆっくりしていました。夫は休みを取り、「供養《くよう》に行こう」と私を誘いました。私が自分を責《せ》め、行き場がない苦しみを涙ながらに訴えるので、供養すれば落ち着くであろうと思ったのでしょう。息子とともに出かけましたが気持ちは晴れませんでした。それでも夫の心遣いに感謝し、精神的にも肉体的にも元気にならねばと思いながら生活していました。

しかし、いくら優しい夫でも流産した妻の気持ちは理解できないのでしょう。夫がその話題に触れないと忘れてしまったのかと思い、悲しくなってしまうのでした。夫としても思い出すのはつらい出来事だったのでしょうが、ときどき「忘れないようにしようね」と言って欲しかったのです。

しかし、それすら口に出せないでいたのです。

それからしばらくして助産師さんから葉書をいただきました。連絡をとり、やりとりをしているうちに「流産で苦しんでいる方のために会を作りませんか?」というお話をいただきました。

ちょうど自分自身、何かできないか……と悩んでいたときでした。夫にも話せないで苦しんでいる人はたくさんいるでしょう。男性は自分の体の一部がなくなってしまったわけではないので、女性ほど痛みが多くないのでは? と思うようになっていたところでした。私でできるなら……とお返事し、会が発足しました。

私は今、夢に向かって資格取得に励んでおります。それは産後に困っているママや不安になっているママの手助けをしたいという気持ちから起こりました。はじめての育児は育児書通りにいかなくてイライラ、メソメソしてしまうことも多々あります。できることなら助産師さんと連携し、そういった仕事ができたらと考えています。天国に行った赤ちゃんも応援してくれると信じ、今がんばっている最中です。


(東京都・坂井久美子さん)

私を支えた一言
ゴミが散らかっているくらいオレは気にしないよ。(夫の言葉)

第5章 パートナーに伝えたいこと

この章は、自然流育児・子育ての「パートナー」となるはずの方にむけて、ぜひ伝えたいメッセージを盛り込んでありますす。一緒に読むもよし、読んでもらうもよし。数多くの先輩たちがそうであるように、妊娠出産育児を通して、より豊かなパートナーシップが育まれることを祈っています。

妊娠したその日がスタート！

パートナーの妊娠……それはあなたにとって、待ちに待った瞬間だったでしょうか？それとも、急な知らせに思わずうろたえてしまったでしょうか？

どちらにしても、きっとパートナーにとって、その瞬間のあなたの反応は大きく心に残っているはず。そう、妊婦となったあなたのパートナーは、自然のからだの働きで感性が敏感になっていますから、小さなよろこびも大きなよろこびに、小さながっかりも大きな落胆になりやすいのです。

でも、これを読んで、「あぁ、しまった！」と思った方がいても心配しないでください。まだまだ、ここはスタート地点です。これから続く妊娠期間、そしてここからが本番とも言える子育ての日々で、いくらでも挽回《ばんかい》できます！　あなたにその気さえあればきっと。

ここでは、そのポイントになりそうなことを紹介しておきます。挽回が必要な方も、そうでない方も、ぜひこれからの日々に活かしてください。

私を支えた一言　絶対に大丈夫。だって俺たちの子どもだから。

妊娠中の女性には感性優位の法則が働く？

これからの妊娠出産そして子育てへの日々、それは未知の体験。これまでの学校や会社での関係ばかりに凝《こ》り固まっていると、うろたえることの連続。それまでパートナーとして順調にすごしてきた二人でも、すれ違い、行き違って当然。妊娠出産、育児スタート期というのは、人生の中でも最大に、男女の特性がクローズアップされる時期だからです。とりわけ女性にとっては、否応もなく自分のからだという自然に向き合うことになるので、変化も大きく、とまどいも大きい。

さらにこの時期、理性より感性が優位になるのです。これは、ホルモンのなせるわざ。むしろ、頭でっかちにならず、本能にまかせ、体の力を発揮するほうが、妊娠出産をスムーズに乗り越えやすいと言われているくらいですから、あなたのパートナーが感情的になるのは、いたしかたないことなのです。でも、そういう自分をも受け入れがたく、つらい時期を過ごしがちなのが妊娠初期だったりします。

こうなったらもう、お互いの性差や役割の違いを率直に認め、受け入れていただくしかありません。なにしろ、人間には「適応」という優れた能力が備わっています。妊娠の初期だけでもいいです。百歩譲《ゆず》って、パートナーであるあなたが聞き役を務め、受け入れてあげてください。

自分と異なる相手のことはわからなくって当たり前。でも、わかろうとしてくれること、聞こうと耳を傾けてくれることが一番うれしいのは、どちらにとっても同じです。ポイントは、驚きやとまどいさえも伝えてみること。妊娠したからだの変化を訴えるパートナーに、「なかなか自分にはわからない」、でも「理解しようという気持ちはある」ということをそのまま伝えてみるだけでいいのです。違いを理解する会話のコツは、主語をI（自分）として話すこと。「（そのようにした）お前が悪い」と伝えるのでなく、「（そのようにされた）自分はつらかった」と伝えることなのだそうです。

こうした日々の暮らしの中で共に体験し、コミュニケーションを図りながらパートナーシップを育んでいくことが大切。といっても、仕事に追われ寝に帰るだけという人や単身赴《ふ》任《にん》で遠く離れている人もいるでしょう。どうぞご心配なく。「共にある」という安心感がパートナーにあれば、お腹の赤ちゃんにはしっかりと伝わるはず。妊娠出産子育ての

私を支えた一言

医者の言うことも保健師の言うことも聞く必要は無い。自分のやりたいようにやれ（赤ちゃんのオムツかぶれがひどかったとき、夫からと言われたこと）。

日々を支える要は夫婦なのですから。

初期流産と誕生死と……

妊娠初期といえば、それでなくても心身の変化が大きく女性にとってはつらいときに、喜んだのもつかの間、流産という診断を受ける場合もあります。とりわけ初期流産は、妊婦の暮らしや自覚にかかわらず胎児側の問題で起こると言われていて、その確率は20％と言いますから、かなり多くの方が体験することになります。

妊娠初期の流産は、男性側にはまだ自覚や共感がないだけに、女性だけが悲しみの中に孤立してしまうことが起こりがち。いくら初期とはいえ、女性にとって体内に宿った赤ちゃんを失う悲しみということに変わりはないのです。流産や処置後の体をいたわることを含め、ぜひここはじっくり考えてみて欲しいところです。

また、それほど多くではないにしろ、お腹の中で元気だったはずの赤ちゃんが、早産や死産のために亡くなってしまう場合もあります。それまで一緒に妊娠期間を過ごしてきた方なら、このときの喪失感《そうしつかん》を一緒に共有することもできるはずです。もう、ここは共にいること以外できないかもしれませんが、それが一番大切でしょう。

今は、「誕生死」としてクローズアップされ、亡くなった赤ちゃんと家族がいっしょに過ごす時間を大切にしてくれるなど、医療機関での扱いも変わってきました。抱きしめて過ごし、写真を撮り、別れを惜しむ時間をとってもらえるよう、ぜひ医療スタッフに働きかけてみてください。そうして過ごしたことがよかったと、振り返ってみて語っている方が多いのです。パートナーである彼女が処置等のために言えずにいたら、必ずあなたが要望してみましょう。

悲しいことは悲しいと、つらいことはつらいと、泣けることはとてもとても大切です。そしてそれは男性にとっても同じです。ただ、女性の体の中では、妊娠が終結するという意味では、健康な赤ちゃんの出産も、流産や死産も同じようなホルモンの大転換が起こります。それでなくてもつらい中、感情の制御が効きにくいという状況は知ってお

私を支えた一言　いいかげんが良い加減。

いてくださるといいかもしれません。

かつての食卓はどこへ行った？

さて、妊娠してしばらくたち、気がつくと、うちの食卓が変わってしまったとお嘆きのあなた。「パートナーが禁酒するのはわかるけど、なぜ俺のビールまで減るんだ？」「食卓から肉が消えた！」「乳製品がどうだとか、果物がやれ冷えるとか、新興宗教か？」食卓の変化に気づいてとまどう、男性側のそんな声がいつも聞こえてきます。

女性が食事に気を使うようになるのは、母親学級や産院で指導もされるし、あれこれ本を読んだり見聞きするのがきっかけでしょう。確かに、食事はからだの基本です。でも、何より毎日自分のお腹の中で育ちゆく命を感じるからこそ切実なのです。自分の食べたものがお腹の赤ちゃんを形づくると思えば、気を使うのも当然と言えば当然。

でも、毎日の食卓のことだけに、きっと他の家族にとっても切実な問題。妊娠を機に急に献立が変わり、意見の違いで激突！　というのもよく聞く話なのです。母乳育児や赤ちゃんのアレルギーがきっかけという場合も多いようです。いずれにしても、多くの家庭では料理担当の女性の側がどんどん献立を「改革」し、男性の側はついていけないとこぼしつつも、付き合っているというパターンが多いのではないでしょうか。

そこでどうするか。理解ある男性陣には、ぜひ真弓定夫先生などが書かれた本（200ページ参照）など開いていただいて、どんな食事がより自然なからだの働きを助けるのか、知っていただければ幸いです。

夫婦で「食は大切」という共通理解を基本に、歩み寄れる分は歩み寄り、あとは外での食事で補うなどの裏技でうまくバランスをとりながらでも、おつきあい願えればいいのではないでしょうか。

最初は、女性の側も徹底しすぎて苦しくなったりしがちです。「いい加減は良い加減」と故山西みな子先生はよくおっしゃっていましたが、ガチガチになるのもいい加減への道程だったりしますから、どうかバランスがとれるまで見守ってください。でも、赤ちゃんのためと我慢して付き合っていたはずの食事のおかげで、いつの間にかパパの体調までよくなった、なんて話もあったりします。

私を支えた一言　子どもが怪我をしたり熱を出したりしたら、心配する前にまずほめる。それは子どもにとって勉強なのだから（かかりつけ医の言葉）

変わりゆく生活

神奈川県・おおたけひろゆきさん

〈自適《じてき》な日々〉結婚してから会社の社宅に入居。妻と私が共働きのときは、平日はともに忙しいが、週末は正午近くまで布団の中。起きて喫茶店で食事。夕食をつくるのは面倒臭いので、弁当かその辺で外食。夜はだらだらTV生活……家事？　そんなものはほとんどしません。

〈引越し〉妻が会社を退職し、妊娠するとすぐに転勤が決定。異動対象者に指定されたので、身重の妻を気遣ってやむなく引越し。別に社宅に残ってもよかったのだが、不景気のため1年後には社宅も閉鎖。子どもが生まれてから引っ越すより、新しい引越し先で生活を始めたほうが負担が少ないだろうと判断した。

〈出産後〉ついに私にそっくりな娘が誕生。それと引越しを機に生活がどんどん変化していく……。

〈小遣いが消えた〉今まで社内の食堂・売店を利用していたためカード精算だったが、転勤先はすべて現金払い。今までもらっていた小遣いが昼食代・夕食代に変身。飲み会があるときには妻に頼み込んでお金を捻出《ねんしゅつ》してもらった。こんなのは小学生以来だなあ。

〈肉が消えた〉食事から肉が消えた。妻が本格的に家事・食事をするようになり、今までの外食・弁当生活にピリオド。便通はよくなったが、パワーはでない（やっぱりガッツリした食事がいいな……）

〈自転車が消えた〉子どもとのお出かけはベビーカーでの徒歩中心。自転車に乗る機会もほとんど皆無。駐輪場に置きっぱなしにしておいて、知らないうちに盗難されていた。まったくついてないなあ……どんどん自分の行動範囲が狭まっていくようだ。

〈テレビが消えた〉つい１か月ほど前テレビが壊れてしまった。10年前大学時代にアルバイトをして購入したので、そろそろガタがきてもおかしくはなかったのですが。このテレビと私は８年前に就職で上京し、私の生活の一部となって転々としてきました。娘が誕生してから見る機会が少なくなったものの、最大の娯楽はやっぱりテレビ。浦島太郎になってしまうのではないかとちょっと心配。

〈テーブルが消えた〉学生時代にアルバイトで稼いだお金で買ったガラステーブル。子どもには危険とのことでついに捨てられるハメに。10年間ありがとう。

〈パソコンも消えそう〉次に危険なものはコレ。子どもに画面を見せるのは電磁波の影響があるというのだ。私のデスクトップＰＣと妻のノートＰＣの２台あるが、デスクトップの方が場所もとるし、パフォーマンスもイマイチ（５年前のＰＣなので）正直、いつ妻に捨てられるか戦々

私を支えた一言
わぁ、ママのおめめにボクがうつってるよ。（子どもが言ったこと）

恐々《きょうきょう》。

〈受験生?〉帰って来てからテレビを見る機会がなくなったため、いたしかたなく机へ。この感覚は十数年前の受験生ではないか。テレビがないうちは英語検定の勉強でもしようかね。ただし週末はベビーシッターだけど。

※

「10歳」の父親から

東京都・流水麺実篤さん

僕の息子とは、まだ10年のつきあいです。娘とは8年。それぞれの歳月は、二人の子どもが生まれてからの年月という意味です。では、子どもが10歳ということは、僕にとって何を意味するのかを少し考えてみます。子どもが生まれる以前の僕は、まだ父親ではなかった。これは間違いのない事実です。僕が父親になったのは、息子が生まれた瞬間からです。つまり、父親としての僕は息子とまったく同じ、たったの10歳なんです。「なーんだ!」と僕は今、少し肩の荷が下りた気分です。何を言いたいのか、まだおわかりになれないと思うので、もう少し続けます。

妻は妊娠がわかったとき、自然なかたちで子どもを産むことと、産まれた子はできるだけ母乳で育てたいと決めていました。自然なお産と自然な育児。単純にして深遠なるこの二つのテーマは、まだ父親としての自覚に乏しかった僕にも与えられたわけです。

妊娠期間中の妻は、やがて訪れる生活の大転換を予期して、出産・育児に備えて様々な学習を抜かりなくやっていました。女性は胎内に子どもを宿した瞬間からスタートを切れる。でも、男性はそうはいきません。男性の多くは、子どもの誕生がスタートラインになる。10年前の僕も、息子の産声とともに「ピカピカの父親一年生」になれたのです。

それから2年後。妻は同じ助産院で娘を産み、母乳育児にいっそうこだわって、娘が2歳半になるまでおっぱいをあげることができました。自然なお産を二度経験し、自然な育児も叶《かな》えたかの妻と僕。しかし、これで終わりではありません。長いと思われた授乳期間も、終わってみればほんの一時期に過ぎませんでした。オムツもおっぱいも卒業した子どもたちは、ぐんぐんと成長していきます。その先に待っているのは、子どもと一緒に食べる毎日の食事です。今日も明日も、そのまた次の日も。来年も、その翌年も……。あれから10年が経ったわが家では、家族の食事は今も続いています。子どもが親離れする年頃になるまで、家族一緒の食事はずっと続くのです。これはとても長い年月です。でも、家族で食卓を囲むこの年月が重要なのです。

わが家では子どもたちがアトピーだったこともあって、この10年で食材から献立まで大きく変わりました。卵や乳製品を避《さ》けるのは、子どもだけでも良かったけれど、親子別々の食事は不経済だし味気がない。たいていは、子どもの事情に大人が付き合うものです。わが家もはじめの頃はそうでした。

私を支えた一言　ま、いっか！

どこで覚えてきたのか、妻の作る肉も卵も乳製品も使わないあやしげな肉団子に、子どもたちは素直に「ニク！　ニク！」と狂喜乱舞。僕はといえば「コレハ、ニクデハナイ！」と異議を唱えたこともありました。

しかし、食文化に対する好奇心があった僕は、そうした変化を楽しみに換《か》えてきました。本当に美味しくて、本当にカラダに良いものは何かと突き詰めていくと、粗食と呼ばれるような昔ながらの和食が一番だとわかったからです。

僕は毎年のように味噌や梅干をつくる。台所にはいつも雑穀、乾物、季節の野菜が並ぶ。さりとて肉も卵も乳製品も少しはいただく。白米も分づき米も玄米も食べるし、近頃では妻が自家製の天然酵母パンを焼いている。こうした食生活の変化は、一度に起ったのではありません。子どもの成長に合わせて、10年という歳月を僕ら大人も試行錯誤しながら、愉《たの》しみながら学んできた収穫なのです。

人は生まれてから死ぬまで、食べ続けなくてはなりません。僕には自分の誕生を見ることはできませんが、僕の子どもの誕生と成長を見守ることはできます。その僕は、やがて死を迎えます。僕の死を見とどける者は、僕が誕生を見守った僕の子どもであってほしいと思います。生と死は誰にとっても等しくあるべきです。その生と死をつなぎ、育んでゆく大切なものが食です。だから僕は、もう食事をおろそかにはしたくありません。子どもを産み、子どもを育てるという過程には、あなたの生と死を見直すきっかけがいくつも転がっています。それを見つける楽しみは、これから父親となるあなたにもあるのです。

どこで赤ちゃんを迎える？

いよいよ安定期に入ってくると、どこで、どんなふうに赤ちゃんを迎えるかという話題になることでしょう。とにかく無事生まれることが一番だから、「医療設備の整った大病院で！」という意見になりがちですが、ちょっと待ってください。

何かあったときの医療の助けは確かに必要ですが、とかくそうした医療機関での出産は、医療スタッフ側の体制確保のために、出産する女性と赤ちゃんを尊重した出産になりにくいという欠点があります。これがくせもの。出産に不可欠な「待つ」という大事なステップをはずされてしまいがちです。

本来、出産自体は自然な命の営み。リスクがなく健康であれば、女性には産む能力が与

私を支えた一言
私も子どもがそのくらいのとき、同じことを心配してた。

えられているわけです。それを最大限引き出すのは、何より安心感、リラックスと言われています。出産時にはホルモンが最大限に働きますが、順調に分泌され機能するには、リラックスしていることが必要なのです。そしてそれが、安全な出産にもつながっていきます。

ですから、あなたのパートナーが「医療機関のバックアップがあってこそリラックスできる」というタイプであれば、大病院もいいでしょう。でも、「安心できる人にずっとそばにいてもらうことでリラックスできる」というタイプであれば、助産師が寄り添ってくれる産院の優先順位が高くなるはずです。

まず、あなたのパートナーの気持ちをよく聞くことから始まります。妊婦であるあなたのパートナーが語る気持ちは、実はお腹の赤ちゃんからのメッセージだったりするかもしれません。なにしろ、一心同体なんですから。

そして、もし、パートナーと他の家族の意見が食い違ってしまい、激突！　なんて場面に直面したら、あなたがぜひとも赤ちゃんと女性の防波堤になってあげて欲しいのです。

強力な高波の直撃を受けてしまうと、妊娠中は感情のぶれが大きいために、精神的なダメージが大きくなってしまいます。それさえ避《さ》けられれば、きっと女性も自分から少しずつ理解を求めようと働きかけられるはずです。

自宅出産への理解と説得

神奈川県・宮崎美雪さん

夫は自宅出産について、最初はよくわからないようで「産むのは俺じゃないから」と言っていた。賛成でもないけど反対もしない……そんな感じだった。

私の両親は、私が「自然派」「こだわりや」と言うのを知っていたから「やっぱりね」という反応だった。義父母も「ふーん」という感じだった。誰も反対する人はいないと思った……。

それが妊娠6か月の頃、突然義母が心配になったようで「やっぱり病院で産んで」と言い出した。顔を見るたび言われるので、会うのもイヤになった。私が自宅出産をしたい思いを伝えようとすると感情的になってしまい、説得にならない（何でわかってくれないの！と涙が出てしまう……）。それを見かねた夫が、助産婦さんの往診の時に義母を同席させた。助産婦さんには義母が反対している事を伝えておいた。

助産婦さんはリビングで内診をした後（内診の様子も義母は見た）、義母を説得するという感じではなく、自宅出産についての話を、本当に何ともない話をサラリとした。サラリと「自宅で

私を支えた一言
泣くのは悪いことじゃない。ストレスを発散する手段でもある。だからいっぱい泣いていい。

の出産、いいものですよ」と言っていた。「反対されているようですが、大丈夫ですよ」とかそういう言葉は全くなかった。

内診の様子を見て、助産婦さんの人柄に触れて義母は安心したようでそれからは応援してくれるようになった。素人の私があれこれ感情的に話すよりずっと効果的だった。

※

神奈川県・那月ママさん

夫に相談しない私

うちの場合、何かを決めるときには、相談しても、相談しなくても最終的には私の思った通りに決めます。

産院を選ぶとき、最初は義母の薦《すす》めたところに行きました。「豪華だし、フランス料理だし、いいかも」と思っていたのですが、検診は3時間待ちは当たり前。そして、先生となんとなく合わず「このままここで産んでいいのだろうか?」と悩んでいたときに、たまたま産院情報誌なるものを見つけ、その体験談を読めば読むほど、母乳にもその後の育児にも、私がリラックスするにも、そして人も動物として自然に産むにも助産院がとてもよいようでした。

私の中では助産院に決め、夫に相談。いろいろと心配したようですが、一緒に見学に行って、ベテランの助産師さんから話を聞き、そして何度か検診に行くと、家庭的な雰囲気で、予約制なのでほとんど待ち時間はなく、世間話ができるぐらいちゃんと話を聞いてくれるので、夫も安心し「助産院で良かった」と言っていました。ただ、義母は病院信仰が強く、どんなに話しても、体験談など見せても納得してくれずに反対していましたが、産むのは私。育てるのも私。と割り切って義母のことは気にしないようにして、助産院で産みました。

二人目は、助産院よりもさらにリラックスできる自宅で産むことにしたので、義母には絶対反対されると思い、夫に黙っていてと言っておきました。（が、言ってあったようですが、何も言われませんでした）

だいたい最初は反対する夫。一人目のときは相談しましたが、二人目の出産以降育児については私の独断で決め、今ではほとんど事後報告になっています。母親のカンが一番だと思うので。夫は助産院も自宅出産も良かったようで、今では友人に「助産院もいいよ」と言っています。

※　　　神奈川県・遼太郎パパさん

出産に立会いました

妊娠当初は、入院時におフランス料理が出てくるお城のような病院へ通っていましたが、3時間待ちの5分診療とまるでディズニーランド状態……。お腹の子どもを見るのはアトラクションより楽しいですが、先生がいい訳でもなく「これでいいの？」という疑問がありました。そこで

私を支えた一言　一人目との毎日って、全てが練習みたい。

妻があれこれと調べて、たどり着いたのが助産院でした。お城のような病院から助産院へ……。はじめは「何かあったらどうするの？」とも思いましたが、圧倒的な力関係のもと対抗する術《すべ》もなく、というのは冗談？　で産む本人である妻の意思が固いので結局そこに落ち着きました。通ううちに助産師さんとも仲良くなり、何より妻が楽しそうに妊娠生活を送るようになりました。昔ながらの指導で「安産するには歩きなさい」ということで、毎日かなり頑張って歩いていました。私はといいますと、万歩計を買って一万歩以上歩いたらマッサージをしてあげたり、お腹の子に本を読んであげたり（あまりに感動する本で自分が号泣……）と妊娠生活のサポートをしました。

そうこうしている内に、その日を迎え施設内の畳の部屋（自宅のように落ち着きます）で出産に立会いました。よく「倒れる」とか「女性として見れなくなる」とか言いますが、出てくる側から見なければ問題ないと思います。逆にパパさんにも家事育児をして欲しいというママさんは、妊娠中から参加してもらい、出産での命懸けの姿を見せることで協力度が飛躍的にアップすると思いますよ。まさに子どもは「二人の愛の結晶」です！

その後、二人目もお世話になり、出産はなんと自宅。とは言いましても助産院で産むのとあまり変わりもなく、特に気にもしませんでしたし問題もありませんでした。何より住み慣れている自宅で産めるという選択肢があったというのはラッキーだったと思います。出産というと、病院で分娩台……というのが、今は一般的なのかもしれません。別に良い悪いではなく産む側に選択肢《し》があるというのが大切だと思うのですが、何でも助産院に対しての規制？　が厳しくなるらしく、ただでさえ産めるところが少ないのに、選択肢まで狭められ自由な出産ができないというのはどうかと……。

最後にパパさん、ママさんになる方々へ。「子どもって本当に可愛いですよ！」

※

神奈川県・谷口有加さん

夫は少しずつパパになる

妊娠初期のころは、つわりなどの体調の変化はあるものの、お腹も出ていないし、自分ですら「本当にお腹の中に赤ちゃんがいるのかな」となんとなく疑わしいような、不思議な気持ちでした。ですから夫に「父親になる自覚を！」と言ったところで無理だと思います。

私は特に意識したわけではありませんでしたが、夫婦の会話の中で、自分の体調のことや「赤ちゃんが今どんなことをしてるんだろうね」とか「どんな子どもになって欲しいか」などと子どもについてたくさん話しました。また「胎児名」をつけ、夫にもたくさん話しかけてもらいました。時には絵本を読み聞かせてもらったこともあります。

また、夫は自分の父をとても尊敬していて、私も、息子には「父を超えたい」、娘には「パパ

私を支えた一言
大事なのはいかにして子どもと笑顔に満ちた日々を過ごせるかです。

のような人と結婚したい」と思ってもらいたいので、妊娠中から意識して、お腹の子に向って「パパが会社に行くって」「パパもあなたに会えるのを楽しみにしてるよ」などと夫のことを話すようにしていました。(その作戦は今のところ成功していて、子どもたちはほとんど週末にしか会わないパパですが、だーい好きです)

私は助産院で出産したので、検診も毎回夫と一緒。夫もエコーを見たり、助産師さんからいろいろ教えていただいたりして、父親になる自覚を育てる機会は人並み以上にあったと思うのですが……いざ出産してみたら、ちょっと抱っこして泣くと「あ、おっぱいじゃない?」と言って長い時間抱っこしてくれないのです。オムツ替え、食事、オムツの洗濯まですごく協力的なのに抱っこはちょっとだけ。「この子のこと好きじゃないの?」と泣きながら訴えたこともありました。でもはじめて接するとっても小さくてか弱い赤ちゃん。そんな赤ちゃんに泣かれただけで怖くなってしまったんだろうなと今なら理解できます。二人目のときは全く慣れた感じで抱っこしてくれましたから。

妊娠、出産する側の女性ですら、ちょっとずつ母になっていくのに、それを経験しない上に、家族と接する時間の短い夫に、同じペースで父になれ、というのは酷《こく》な気がします。不満に思うことはたくさんあると思うのですが、ときにはぶつかってでも、きちんと自分の気持ちを伝えていくことが大事かなと思います。溜《た》めてしまうと、その影響はきっと子どもに出てしまうから……そして言いたいことをいうだけでなく、ちゃんと夫の言い分を聞いてあげることも大切だと思います。子どもはいつか自立し、最後に残るのは夫婦。いろいろな困難を乗り越えて、絆《きずな》を深めていけたらいいなと思います。そして家族のために朝から晩まで働いてくれているということを忘れず、感謝の気持ちを持って接したいです。夫がいなければ、この子どもたちを授かることもなかったのですから。

出産のときに下されるお父さんの評価

そして、いよいよ迎えた出産。そのときあなたがどう行動すべきかについては、妊娠期間中にパートナーに聞いておくなり、自分で勉強するなりして、心づもりしておくことです。二人の赤ちゃんを迎えるわけですから、そこまでは当然！

加えて、突発事項が多いのが出産です。とっさの対応を迫られることが多い。そこへもってきて、出産とその直後はホルモンの大転換のさなかなので、あなたのパートナーは感

私を支えた一言

ご飯を食べて、ウンチが出て、機嫌がよければ大丈夫。

性が敏感、感情が不安定。本能丸出しで野生に戻れるほうがお産はうまくいくと言い切る助産師さんもいますが、そういう状況なのだという覚悟が必要です。とにかく、ちょっとした一言が、感動するにせよ、傷つくにせよ、強く心に残る場合が多いということは知っていてください。すべてホルモンのなせる技です。

「よかれと思ってやったことが、とんでもなく叱られてしまった！」なんてこともよく聞く話です。陣痛の際マッサージしてあげたら、「全然よくないから、あっちへ行ってて！」と怒鳴《どな》られたなんて話もあるくらい。でも、それはそれで、感情の放出先という役割を果たしているのでいいのでしょうが。

出産……ここはもう、妊娠期間中の夫婦のコミュニケーションの集大成みたいなものですから、その結果下されるまずい評価もいい評価も、どうぞそのままを受け入れてください。「失敗したー」という場合、ここでの評価は懐妊の告知の時よりも重いでしょうが、それでも、挽回はできます。出産はゴールではなく、新たなスタート。どうぞ子育ての日々でフォローアップを！

わが妻へ

神奈川県・黒川新太郎さん

〈出産について〉うちの子は自宅出産で生まれた。自宅出産については、万が一の事故や、様々な不安はあったけど、妻が事前準備の体力づくりを一生懸命にがんばっていたので、夫婦で協力して成し遂げようという気持ちだった。最初に聞いたときは「何で今、おばあさん世代のことをしようとするのだろう？」と不思議に思ったし、理解できなかったが、産む人の気持ちは大切にしなくてはと思った。

出産立会いについては、二人の子どものことなのだから、当たり前のことだと思う。ただ、何が起こっているのか（痛いとか苦しいとか）がよくわからないので、何をしていいのかがわからなかったと言うのが本音。

病院にも付き添ったが、検診のエコーで子どもが元気なのを見られるのは嬉しかった。付き添えないとき、家で画像を見たが、はっきり言って何がどう写っているのか不明。「ふーん」と言うだけだと「関心がないのか」「冷たい」などと言われるが、あの画像で感想を言えなんて、難しすぎる。

〈おっぱいについて〉子どもが泣いて自分がどんなに抱っこしてもあやしてもだめなとき、妻が抱いたり、おっぱいを飲ませたりすると泣き止む。そんなとき「パパじゃダメね」みたいな空気

私を支えた一言　子どもは無条件に母を愛してくれる（どんなに怒っても）。

が流れるのはつらかった。ものすごい疎外感を感じた。どうやったって男にはできない。子どもをどんなに愛していてもできないって、本当に辛い。この複雑な心境を理解して欲しい。今はもう慣れたけれど……。

それからうちの子は痩《や》せていたので心配だった。妻があまりにもこだわっていてよくもめた。気持ちは尊重したかったが、私にとっても大切な子どもだから、心配な気持ちもわかって欲しかった。あの頃は全く聞く耳も持ってくれない感じで寂しかった。今はミルクより母乳が一番だと思うし、母乳で育ててくれている現状には、感謝している。

〈食事について〉食事については、私と妻子のメニューをうまく工夫して分けてくれているので問題はない。たまにものすごく粗食のときがあるが、たまのことなので新鮮に感じる。が、続くのはちょっと勘弁。身体にいいことはわかるが、やっぱり勘弁したいです。

〈妻に言いたいこと〉よその旦那と比べるな！（妻はよく「誰それのパパはオムツ替えがうまいんだって」とかイヤミのように言う。俺だって、できることはやっている！じゃぁ、その旦那がいいのかよ！と思ってしまう）

それからいろいろ言うとうるさがられるが、子どもが大切だからということをわかって欲しい。父親は日中子どもといられないのでとにかく心配なんです。このくらい平気だよとか言うが、信じられない。平気だって言えるのは、女の勘？日々の生活での慣れ？何度も言うが、男にはそれがわからない！

自然育児については、今の子ども、人間にとって大切なことだと思うので賛成。ただ一人で突っ走らないで相談して欲しい。「言ってもわからない」という感じのようだが、言われなければもっとわからない。子育てや将来のいろいろなことに対して、今後も夫婦でよく話し合い相談して決めて行きましょう。

奥さんは出産してから急に変わるけど、男はそう簡単には良くも悪くも変わりません。子どもは「二人の子ども」です。子育てで多くの部分は任せてしまっているけれど、こちらが口を出す時「二人の子どもなんだ」ということを思い出して欲しい。

産後の人手はしっかり確保！

実は、妊娠中にしておいてほしい重要なことがもう一つあります。それは産後の人手の確保です。

私を支えた一言
生まれてくるのも、生まれてこないのも、すべて意味があるの。

出産後、産院に入院したとしてほんの一週間ほど。まして自宅出産となれば、産後すぐから家での人手が必要になります。

そう、産後の女性は休養が大切。今では欧米式に短期間で活動し始める方も多いですが、この産後の養生ができるかどうかで、その後の回復も女性のからだの働きも変わってくるというくらい、大切です。母になるパートナーに、いい子育てのスタートを切らせてあげるためにも、産後できれば3週間は休養できるようにします。せめて最初の2週間は、横になって休みながら、赤ちゃんの世話だけすればいいように人手を確保しておきます。今やっている家事の何を、誰がどうするか、一つひとつチェックするくらいのつもりで準備します。

炊事と洗濯は毎日欠かさずやらねばなりません。とにかく食べないわけにはいきません。しかも、産後の母乳育児中ですから、何でもいいというわけにもいきません。食事をつくり、洗い物をする……ここだけでも必ず人手を確保します。洗濯機をまわす、干す、取り込む、たたむ……これは夜にでもパートナーであるあなたができるかもしれません。買い物は宅配を利用するという手もあります。この際、掃除は目をつぶってしまうくらいの覚悟で、優先順位をつけていきます。

パートナーである自分に何がどこまでできるのか、できないのかを総ざらい。休暇をとれる場合はとる。できなければ、産褥《さんじょく》シッターなり、家事援助サービスなり、友人知人の助けを頼むようにします。実家のお母さんが手伝ってくださる場合は心強いですが、親、とくにあなたの親に対してはかえって気を使って疲れてしまうなんていう場合もありますから、よくよくパートナーと相談して決めておきます。里帰り出産は十分休養できていいようですが、今は出産場所の減少で、出産先を確保するのが大変になりがちという心配もあります。

とにかく、産後の休養は母乳育児が順調にスタートできるかどうか、この先の女性の健康の鍵《かぎ》を握っていますから、母となったパートナーには「赤ちゃんのおっぱいとおむつ担当」だけをしてもらうつもりで、産後の人手をしっかり手配しましょう。

私を支えた一言　いろんな仕事に代わりの人はいるけど、この子のママの代わりはいないんだよ。

母乳育児だからこそお父さんがキーパーソン

待ちに待った赤ちゃんの誕生、その直後から始まる母乳育児。生まれたての赤ちゃんとともに過ごす時間、あなたとパートナーでは必然的に役割が異なってしまいます。それは、妊娠出産と同じで、女という自然を授かった女性に与えられた「授乳」という行動は、男性がとって代わることができないからです。

そしてこの授乳を通して、パートナーと赤ちゃんとの間に育まれる絆《きずな》こそが、家で言えば、自然流子育ての大切な大切な基礎部分にあたります。この基礎部分がしっかりと深く広く固められることができてこそ、その上に丈夫ながっちりとした骨組みや大黒柱を立てることができます。基礎と大黒柱を入れ替えることはできません。でも、どちらがなくても家は建たないのです。

さて、母乳育児だと粉ミルクと違ってお父さんの関わる余地がないと思われているなら、それはとんでもない！　実は、母乳育児こそ、パートナーであるお父さん、あなたの存在が鍵を握っていると言えるくらい、とても重要なのです。

なぜなら、心も体も安心できて元気でないと母乳は出ないからです。産後とくに順調に出始めるまでの一～三か月くらいはとくに、精神的な影響をもろに受けてしまいます。それは、母乳が湧《わ》いてくるために働くホルモンが、リラックスできていないと放出されないからです。感情の揺れの影響を受けやすいのです。

また、疲れていて全身の血液の循環が悪くなると、母乳の分泌が滞ります。なぜなら、母乳は血液から作られるからです。

粉ミルクなら、お金さえあれば買ってくることができます。でも、母乳はお母さんが心も体も元気でいて初めて与えることができるのです。そして、そのお母さんの元気を支えるのがパートナーであるあなたの役割です。だから、お父さんは母乳育児のキーパーソンなのです。

体の元気を応援するためにできるのは、産後の人手の確保や疲れていないか気遣ってあげること。産後すぐは慣れない長時間の授乳で、身体中が凝《こ》ってしまいがち。とくに、背中のコリはおっぱいトラブルのもとになります。ちょっとなでてもらえるだけでも、とてもとても気持ちのいいものです。心の元気を応援するためにできるのはとにかく話を聞いてあげること。一日赤ちゃんと二人きりで過ごす産後は、何気ない会話がうれしいもので

私を支えた一言　私たちの体は、すべてお見通し。

す。帰宅後に、背中にそっと手をあててあげつつ、今日一日の話を聞いてあげる……そんなちょっとしたことでいいのです、ぜひトライしてみてください。

産後のセックスについて

神奈川県・田中千鶴さん

以前、友だちと産後のセックスについて話題になった。この手の話題は「タブー」のような気がしていたが、子どもが1歳を過ぎ「二人目って何歳くらいあける?」ということからその話題に……。話の参加者は7名。そのうち一人はすでに二児のママです。

・全くセックスのない夫婦3組。
・本当はいやだけれど、イヤイヤ旦那さんに合わせている夫婦1組。
・奥さんは妊娠する前のように触れ合いたいのに、ご主人が乗り気でない夫婦1組。(旦那さん曰《いわ》く、おっぱいをあげている奥さんに触れるのはお子さんに悪いような気がするらしい)
・セックスはないがとても仲良く、ふれあいはいっぱいの夫婦1組。(セックスがなくても仲良しだし、お互いにちょうどいいと感じているらしい)
・夫婦ともいいペースでセックスを日常の事として楽しんでいる夫婦1組。(二児のママ)

まとめとしては、この件については「夫婦それぞれ」で答えはないということ。二児のママは一人目を出産後、そのことについてきちんと考え旦那さんと触れ合ってきたそうです。

イヤイヤご主人に付き合っている奥さんは、旦那さんに「セックスも含めて家庭なんじゃないか？」と言われたそうです。家事も育児もがんばっている、それは認めるし、ありがたいと思うけど自分（旦那さん）との関係が「まるで他人のようになっているのは不自然じゃないか？」と言われたそうです。

そうはわかっていても、どうもその気にはなれず、でも旦那さんの気持ちを尊重して付き合っているそうです。

私は妊娠がわかってからセックスは一度もなく、今子どもが2歳を過ぎたのでもう3年近く何もありません。妊娠中は彼が流産とかが怖かったようで、とにかく私のからだは「触れてはいけないもの」のように思ったようです。産後は育児に必死になっている私が「疲れているだろう」と気になって、またおっぱいをあげている私に触れるのは何だか悪いような気がするらしい。子どもにとっての「聖母」的な存在と思っているらしい。

二人以上お子さんがいるママにその話をすると、「触れ合わない期間が長くなればなるほど、戻れなくなる」「長くなればなるほど照れくさくなってしまう」と、どのママからも同じ言葉が

私を支えた一言　産んでいるあなたが女王様。

返ってきます。

授乳中に「性欲」がなくなるのは普通の事。動物もみんなそうらしい。でもそれを「わかってよ！」と開き直って伝えても男にはやっぱり理解しがたい。その時期こそコミュニケーションがとても大切。助産婦さんはいろんな夫婦を見てきているけど、本当に夫婦の関係って「それぞれだなぁ」と。

別の機会にその話題で他の友だちと話をしたところ、彼女は授乳中でやっぱり性欲はないけれど、男の人に性欲があるのはあたり前のことだからパートナーとしてきちんと受け止めたいと、気持ちを入れ替えたそうです。お子さんが1歳を過ぎて、気持ちに余裕ができたから、と言っていました。

赤ちゃんとの絆からひろがる世界

生まれたての赤ちゃんは、未分化の時代を生きています。生まれ出てもなお、母親と一心同体のまま育つのです。その間にひっきりなしに行われる授乳や触れあいを通じて、赤ちゃんのこころとからだは育っていくと同時に、母親と赤ちゃんとの絆も育まれていきます。

まずは、お母さんが赤ちゃんとの絆をはぐくんでいく毎日をどうか応援してあげてください。そのことがお父さんとの絆《きずな》を深めることにつながるのです。

なぜなら、赤ちゃんは母親との関係を介してまわりの人たちと関係をつくっていくからです。基礎がしっかりしている家の方が、大黒柱もしっかりと立てられるというわけです。柱を立てることに相当する父親の役割というのもまたいつか、子育ての中でめぐってきます。その時に、妊娠中から産後のあなたの働きの真価が発揮されるでしょう。

子育て・子育ちは、暮らしの中にこそあります。たくさんの時間を、家族と暮らしていくなかで赤ちゃんは人として育っていきます。

生まれたての赤ちゃんと過ごす日々。自分の命の力で精一杯に育っていくその様子を間近に見られる日々は、まさに感動の連続です。ぜひ、時間をつくっては、生まれたての命と共に過ごす時間を大切にしてみてください。命ってなんて前向きなんだろうかと、励まされる思いがします。一生のうち何度もないこの時間をどうかパートナーと二人、大切に過ごせますように。きっとあなたの人生をより輝かせるものになるはずです。

私を支えた一言　今日も子どもと向きあえる幸せなとき。

【さらに詳しく知りたい方のために……】

◆第１章

・『WHOの59ヵ条お産のケア実践ガイド』戸田律子/訳（農文協）

・いいお産プロジェクト（いいお産の日の情報）http://www.iiosan.jp

・社団法人日本助産師会（助産院や開業助産師についての情報）http://www.midwife.or.jp/

・日本母乳の会（赤ちゃんにやさしい病院BFHについての情報）http://www.bonyuweb.com/

・REBORN（丁寧に取材されたおすすめ産院リストなどの情報）
http://www.web-reborn.com/saninjoho/saninjohotop.htm

・自然育児友の会（帝王切開をしたお母さんのお茶会など）http://shizen-ikuji.org

・『母と子のきずな　母子関係の原点を探る』マーシャル H.クラウス&ジョン H.ケネル/著 竹内徹・柏木哲夫/訳（医学書院）

・『シアーズ博士夫妻のベビーブック』ウイリアム・シアーズ&マーサ・シアーズ/共著 岩井満理/訳（主婦の友社）

◆第２章

・『ハッピーなお産をしよう』NPO自然育児友の会

・『お産！このいのちの神秘』吉村 正/著（春秋社）

・『DVDブック　しあわせなお産をしよう』吉村 正/著（春秋社）

・吉村医院　お産の家　http://www.ubushiro.jp/

・女性鍼灸師フォーラム　http://homepage2.nifty.com/womf/index.html（妊娠出産に伴う鍼灸の活用について）

・ファミリーサポート http://www.jaaww.or.jp/service/family_support/index.html

・REBORN講座案内　http://www.web-reborn.com/cgi-bin/event03/index.html（ヨガ、イメジェリー、お産の振り返りなど）

◆第３章

・『人間の赤ちゃんは人間のおっぱいで』山西みな子講演録（自然育児友の会）

・『子育て現役ママの楽チンおっぱいのススメ』自然育児友の会

・『もっと自由に母乳育児』山西みな子/著（農文協）

・『母乳で育てるコツ』山西みな子/著（新泉社）

・『おっぱいとだっこ』竹中恭子/著（春秋社）

・『自然流育児のすすめ』真弓定夫/著（地湧社）

・『自然流育児教室』真弓定夫著（ファーブル館）

・母乳育児相談室　http://shizen-ikuji.jp/forum10.html

・よこはま母乳110番　http://bonyu110ban.org/

◆第４章

・誕生死　http://homepage3.nifty.com/angel-book/index.html

◆第５章

・『ごはんはごはんっ！』真弓定夫・幕内秀夫講演録（自然育児友の会）

子どもたちへの贈り物

読み切り創作物語（連載③）

大村祐子

今回の物語は、生まれてきて3日の後に両親の許を去ってしまった子どもが、悲しみに沈む母親にあてて書いたメッセージです。わたしの許《もと》には大勢の方々からご相談が寄せられます。皆さんが苦悩や困難を抱えながら、それでも意味のある人生を送りたいと願い、強く生きてゆこうとしていらっしゃるのです。中でも、子どもさんを早くに失ってしまったご両親の嘆きや悲しみ、そして苦しむ姿に接したとき、わたしの心は強い衝撃を受けて揺らぎます。

体験したことのない者には到底想像ができないほどの苦しみ、悲しみであることでしょう。いったい、わたしに何ができるだろうか？　考え続けてきました。そういう方々に少しでも慰めと勇気を送ることができたら…そんな思いを込めて書きました。

大村祐子（おおむらゆうこ）●ひびきの村ミカエル・カレッジ代表。
1945年生まれ。米国カリフォルニア州にあるR・シュタイナー・カレッジで学び、90〜92年、同カレッジで、日本人のための「自然と芸術」コースを開始。96年より、北海道伊達市でシュタイナー思想を実践する「ひびきの村」をスタート。著書に『わたしの話を聞いてくれますか』『シュタイナーに学ぶ通信講座』1・2・3期、『ひびきの村　シュタイナー教育の模擬授業』『創作おはなし絵本シリーズ①②』『昨日に聞けば明日が見える』最新刊『子どもが変わる魔法のおはなし』（いずれもほんの木刊）などがある。

おかあさん、生んでくれてありがとう！

三日間子どもであったことの意味

おかあさん、ぼくを生んでくれてありがとう！　ぼくが生まれてくることを、あんなに楽しみにしてくれていてありがとう。短い間だったけど、ぼくを可愛がってくれてありがとう。それなのに…ごめんね。こんなに早くおかあさんの許を離れてしまうことになって…おかあさんはどんなに悲しいか！　辛いか！　苦しいか！…でもね、ぼくはおかあさんがこの大きな悲しみを乗り越えられる人だと知っていたんだよ。

おかあさんはこれまでにも苦しいこと、悲しいこと、辛いこととたくさん出会って…でも、いつだってそれを乗り越えてきたじゃない！　9歳のとき、大好きなおとうさんが亡くなったよね。そのときも悲しみにおしつぶされて動くことができなくなってしまったおかあさんに代わって、おうちの仕事をぜんぶしたのも、あなただったしょう。

そして小さかった弟や妹の面倒をやさしくみてもいたよね。おかあさんだって悲しかったのに…寂しかったのに…辛かったのに…そんな思いをだれにも話さず、ひとりで歯をくいしばってがんばっていたよね。

ぼくはそんなおかあさんの姿を、空の上からずーっと見ていたんだよ。そして、くじけないでほしい、希望をもって生きて欲しい、といつでも祈っていたんだ。おかあさん、それでもあなたは「もうだめ。これ以上がんばれない。もう、いや。おかあさんに会いたい！」と言って泣いていたことがよくあったねえ。

そうだよね、無理ないよね、だってあなたもまだ9歳だったんだもの。おかあさんともっとお話ししたかったでしょう。おかあさんに甘えたかったでしょう。おかあさんにお料理をおしえてもらいたかったでしょう。おかあさんと一緒にかいものにも行きたかったでしょう。大きな声でおかあさんと歌をうたいたかったでしょう。おかさんともっともっと遊びたかったでしょう。

そんなあなたの姿を見て、ぼくはとても切なかった。声をかけてあげたかった。歌も一緒にうたってあげたかった。かいものにも一緒に行ってあげたかった。でも、ぼくはずーっとずーっと高い空にいて、神さまのご用をする天使だったから、どんなに声をかけてもあなたの耳には届かなかったし、ましてや天使は身体を持っていないから一緒にお料理もできないし、遊ぶこともできなかったんだ。

ぼくは考えた。うーんとうーんと考えた。どうしたらあなたを助けることができるだろう、どうしたらあなたを慰めることができるだろう、って。ぼくはどうにかしてあなたのそばに行って、あなたの力になりたかった。だから神さまにお願いしたんだ。「おとうさんを亡くして、悲しみにくれているおかあさんの代わりに、あんなに頑張っているあの女の子を助けたいんです。ですからあの子のそばに行かせてください」って。

神さまはあなたのことをとっくにご存知だったよ。そしてたいそう気にかけてくださっていて、「それでは、これからはおまえがそばにいて守ってあげなさい」とおっしゃってくださったんだ。ぼくはうれしかった！　これからはいつでもあなたのそばにいて、あなたがしょげているときにはきもちのよい風をふかせ、あなたが寂しいときには太陽のあたたかい熱をおくり、あなたが辛いときには鳥たちに歌をうたわせ、あなたが苦しいときには月の光をそそぎ…ぼくはどんなことがあってもあなたを守ろうと決めたんだ。

神さまが許してくださったので、ぼくはすぐに羽の手入れをしたよ。なにしろ、地上のあなたの所につくまでにはずいぶん長い間旅しなければならないからね。

そして出発する朝、あいさつをするために神さまのまえに行ったんだ。すると、神さまは思いがけないことをおっしゃった。「これからわたしが言うことをよく聞きなさい。おまえの望みどおりこれから20年の間、おまえはあの女の子のそばにいてよろしい。そして、あの子が成長し、りっぱな娘となって結婚するまでそばにいて守り、助けてあげなさい。ただし、20年経ったときに、おまえは必ずここに戻って来なければならない。今からここに戻って来る方法をおしえるから、決して忘れないように。その方法は、結婚したあの女の子の子どもとして生まれ、3日の間だけ母親といっしょに暮らし、その後ここに戻って来るのだ」「えっ、それではわたしはあの子の子どもとして生まれ、3日間だけいっしょに暮らし、そして死んでしまうということなのですか！　それはあんまりです！　そんな悲しみをあの子に味わせる訳にはいきません」と、ぼくは必死で神さまに訴えたんだよ。けれど神さまのおことばは決して翻《ひるがえ》されることがないということを、ぼくは知っていた。神さまはおごそかにおっしゃった。「これは天のきまりであり、けっして変えることはできない。長い間地上に暮らした天使が天に戻ってくるためには、いちど人間となり、母親に心からの愛をそそいでもらい、そして死ぬことによって天に戻ることができるのだよ」

ぼくは考えた。考えに考えた末に決めた。やっぱり行こう！　行ってあの子を励まし、元気づけ、いつも明るく希望を持って生きることができるように手助けしよう。たとえ天に戻るために、ぼくがあの子の息子として生まれ、たった3日だけしかいっしょにいられなくとも、ぼくはおかあさんになったあの子に抱かれ、お乳をもらい、子守唄をうたってもらい、心から愛してもらって天に戻って来よう。そうだ、そうしよう！　って。

悲しかったけれど、そしておかあさん、あなたを悲しませることがとても辛かったけれど…それでもぼくは20年の間、あなたのそばにいたことを心からよかったと思っているよ。けっして後悔していない。ぼくはあなたが明るく生きられるように助けることができたという確信もあるよ。

ぼくはあなたの目には見えなかったけれど、風にたのんでいつもあたたかい気持ちをあなたに送っていたよ。大空に浮かぶ雲といっしょに、ひろびろした心をあなたに送っていたよ。朝日といっしょにあなたの心に希望の光をそそいだよ。はげしく降る雨といっしょに勇気をとどけたよ。

いつか、この悲しみが大きな歓びに変わる日が来るよ、おかあさん。今は「そんなこと、信じられない！」って思うよね。でも、大丈夫、おかあさん、あなたはそんな大きな力を持った人なんだ。おかあさん、ありがとう。そして、さようなら。

◆NPO法人自然育児友の会

自然なお産や母乳育児から始まる自然な子育てを楽しむ家族の全国的なネットワークです。1983年のスタート以来少しずつひろがり、日本全国・海外に会員が2,500人います。現在、約70か所で、月一回のペースで赤ちゃん連れで気軽におしゃべりできるつどいの場「お茶会」を開いています。お茶会の中には、アトピーや帝王切開をテーマにしたものもあります。母乳育児講座「おっぱいクラス」や母子のための自然療法講座、年に一度の「お泊まりミーティング」なども開催しています。会が運営するネット上の「自然育児コミュニティ」(http://shizen-ikuji.jp)には、母乳育児相談やイベント情報など　自然なお産・育児の情報が集まっています。

本書は、自然育児友の会代表理事の内田淳子さん(1章)、理事の伊藤恵美子さん(3章と5章)、専門会員でマザリーズ助産院(http://www.motherese.jp/)の助産師である棚木めぐみさん(2章と4章)が執筆しました。

〒183-0051　東京都府中市栄町1-20-17
Tel：042-361-8565(月・水・金曜日　10：00～16：00)
Fax：03-4477-6897
http://shizen-ikuji.org　e-mail:info@shizen-ikuji.org

◆よこはま自然育児の会

よこはま自然育児の会は、時代の流れの中で様々に変容していく育児環境の中、自然に楽しく育児をしたいという親子が集い、活動を行っています。B会員(専門の資格を持つ助産師、保健師など)さんからのアドバイスや交流をもちながら、会報の発行や例会と呼ばれる講演会やイベントなどを行っています。http://blog.livedoor.jp/yokohama-shizenikuji/

本書の体験談の一部や「私を支えた一言」は同会の谷口有加さんを中心に、よこはま母乳110番顧問・朝倉きみ子さんの協力を頂きました。

よこはま母乳110番は、母乳と粉ミルクの混合だったけど母乳だけになれたママ、アトピーっ子のママや乳腺炎になったママなど、悩んでいるママやパパのための無料電話相談を受け付けています。http://www.bonyu110ban.org/　e-mail:y-shizen-ikuji@yahoo.co.jp

子どもたちの幸せな未来ブックス　第5期③

妊娠から始める自然流育児

2007年4月25日 第1刷発行

共編――――――――NPO法人自然育児友の会&ほんの木
協力――――――――よこはま自然育児の会
企画・製作――――――(株)パンクリエイティブ
プロデュース――――柴田敬三
編集――――――――戸矢晃一
発行人―――――――高橋利直
総務――――――――小倉秀夫
営業・広報――――――岡田直子・丸山弘志
システム――――――野口朋子
発売――――――――(株)ほんの木
〒101-0054 東京都千代田区神田錦町3-21 三錦ビル
Tel. 03-3291-3011 Fax. 03-3291-3030
http://www.honnoki.co.jp/
E-mail　info@honnoki.co.jp
競争のない教育と子育てを考えるブログ　http://alteredu.exblog.jp

ISBN978-4-7752-0050-6
郵便振替口座　00120-4-251523　加入者名　ほんの木
印刷所　中央精版印刷株式会社

2003年～2004年刊

7 心と体を健やかに育てる食事

素材や栄養価にこだわりながら、食事が楽しくなる食卓づくりと食育の基本を学びます。

＊食卓から始まる健康子育て
＊知って得する野菜の豆知識　など

【主な登場者】東城百合子さん（自然療法研究家）／大住祐子さん（シュタイナー医療研究家）／大澤博さん（岩手大学名誉教授）／大澤真木子さん（東京女子医科大学教授）他

8 お話、絵本、読み聞かせ

絵や写真のないお話だけを聞くことで子どもの想像力は育ちます。お話には、子どもの心と想像力を育てる力があります。

＊お話が育てるこころと想像力
＊こどもの好きな絵本　など

【主な登場者】高橋弘子さん（那須みふじ幼稚園園長）／としくらえみさん（シュタイナー絵画教師）／赤木かん子さん（子どもの絵本の専門家）他

9 シュタイナー教育に学ぶ　子どものこころの育て方

温かい心を持った子ども、優しい心を持った子ども、目に見えない「こころ」の育て方を特集しました。

＊子どもの内面への信頼
＊子どもがほんとうに安心できる場所　など

【主な登場者】高久和子さん（春岡シュタイナー子ども園教師）／森章吾さん（シュタイナー小学生クラス教師）／山下直樹さん（治癒教育家）他

子どもたちの幸せな未来シリーズ第2期

10 子育て　これだけは知りたい聞きたい

子どもを見るってどう見ればいいのでしょうか？　子どもの成長・発達、子どもの幸せをトータルに考えます。

＊子育てが下手でも恥ではない

＊母親の食事が子どもを育てる　など

【主な登場者】小西行郎さん（東京女子医科大学教授）／正高信男さん（京都大学霊長類研究所教授）／宗祥子さん（松が丘助産院助産師）／安保徹さん（新潟大学大学院医学部教授）他

11 子どもの感受性を育てるシュタイナーの芸術体験

子どもの好奇心をつぶさないでください。シュタイナー教育を中心に子どもの形成力を高める芸術を体験に基づいて学びます。

＊シュタイナー教育における芸術

＊色を体験することの大切さ　など

【主な登場者】大嶋まりさん（東京シュタイナーシューレ）／高久真弓さん（オイリュトミスト）／見尾三保子さん（「ミオ塾」代表）他

12 年齢別子育て・育児、なるほど知恵袋

子どもの成長を知って、余裕ある子育てをするための方法、子どもの年齢に応じた育児を特集しました。

＊余裕のある子育てを

＊シュタイナー教育による「子どもの年齢に応じた育児」など

【主な登場者】汐見稔幸さん（東京大学大学院教育研究科教授）／真弓定夫さん（小児科医師）／山口創さん（聖徳大学講師）他

① 共働きの子育て、父親の子育て

子どもと一緒にいる時間が少ない、十分に子どもの面倒が見られないと悩みや不安を抱える親御さんが少なくありません。共働きの家庭や父親の子育てへの参加について考えます。

【主な登場者】毛利子来さん（毛利医院医師）／佐々木正美さん（児童精神科医）／正高信男さん（京都大学霊長類研究所教授）／赤石千衣子さん（しんぐるまざあずふぉーらむ）他

② 子どもの健康と食からの子育て

子どもたちの体が年々弱くなっています。また、子どもの行動や心にも、かつて見られなかった不可解な兆候が現れています。今日からできる健康な食育のポイントを提案します。

【主な登場者】幕内秀夫さん（栄養管理士）／神山潤さん（小児科医）／原田碩三さん（兵庫教育大学名誉教授）／山田真さん（小児科医）／藤村亜紀さん（陽だまりサロン主宰）他

③ 子どもの心と脳が危ない！

テレビやゲーム、パソコンなどが子どもに及ぼす影響について、小児科医や脳科学者、幼児教育者らが声をあげ始めました。テレビやゲームとの安心安全なつき合い方の特集です。

【主な登場者】佐々木正美さん（児童精神科医）／森昭雄さん（日本大学教授）／吉良創さん（南沢シュタイナー子ども園教師）／内海裕美さん（小児科医）／神山潤さん（小児科医）他

子どもたちの幸せな未来シリーズ第3期

④子どもを伸ばす家庭のルール

十分な睡眠や友達と一緒の遊びや運動、家族と一緒に三度の食事をとること…こんな当たり前のことの積み重ねだけで、体力、気力、知力、学力が育つのです。

【主な登場者】陰山英男さん（立命館小学校副校長）／片岡直樹さん（川崎医科大学小児科教授）／廣瀬正義さん（食と教育研究家）／秦理絵子さん（オイリュトミスト）他

⑤早期教育と学力、才能を考える

おけいこごとを始める平均年齢は2・5歳。でも待って下さい。まわりから置いて行かれないようにと通わせているおけいこごとが、子どもをダメにしてしまうこともあります。

【主な登場者】汐見稔幸さん（東京大学大学院教授）／高田明和さん（浜松医科大学名誉教授）／吉良創さん（南沢シュタイナー子ども園教師）／グレゴリー・クラークさん（多摩大学名誉学長）他

⑥免疫力を高めて子どもの心と体を守る

アトピーやアレルギーなど子どもの病気は、正しい鼻呼吸、睡眠、冷え予防、食事などに関係しています。日々の生活習慣で大切なことを、健康の視点から特集しました。

【主な登場者】西原克成さん（西原人間研究所所長）／東城百合子さん（自然療法研究家）／岩附勝さん（トーユー矯正歯科院長）／清川輝基さん（子どもとメディア代表理事）他

子どもたちの幸せな未来「第3期」全6冊　●A5サイズ・128ページ
●各号定価1575円（税込・送料サービス）●6冊セット割引あり。詳細はほんの木まで。

2005年～2006年

❶子どもが幸せになる6つの習慣〈ほんの木 編〉

食育、健康、年齢別成長、ストレス、免疫力、テレビと脳など18人の「子どもの専門家」が教えてくれたとっておきの子育て法。幼児期の生活習慣は将来を決めます。

★陰山英男さん、幕内秀夫さん、真弓定夫さん、毛利子来さん、森昭雄さん、東城百合子さんらにご登場いただきました。

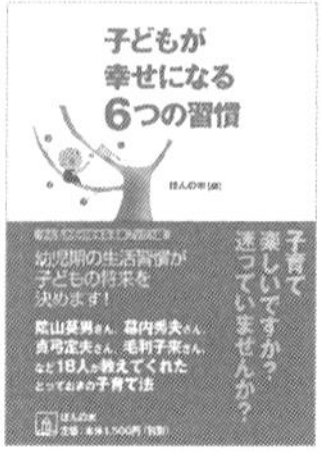

❷幸せな子育てを見つける本〈はせくらみゆき 著〉

自らの子育ての中で気づいた、さまざまなスローな子育てのヒントを43のエッセンスとしてまとめた1冊。食、身体、生活、しつけ、教育など実例豊かなヒント集。

☆スローな子育てのポイント／スローな子育ての「食」／スローな子育ての「身体」／スローな子育ての「生活・しつけ・教育」など。

❸心に届く「しつけと愛の伝え方」〈ほんの木 編〉

かけがえのない親子関係を作るための、しつけやほめ方、叱り方。今しかできない子育ての秘訣、年齢に合わせた大切なことなど、子どもの心を本当に育てるアドバイス。

★佐々木正美さん、汐見稔幸さん、正高信男さん、見尾三保子さん、内田良子さん、森田ゆりさんら、15人の方々にご登場いただきました。

■お申し込み

ほんの木　FAX.03-3291-3030 TEL.03-3291-3011

〒101-0054　東京都千代田区神田錦町3-21　三錦ビル